透视中国经济

上市公司视角

（2017–2021年）

吕峻　胡洁　等◎著

CHINA'S ECONOMY

PERSPECTIVE OF LISTED COMPANIES

（2017-2021）

经济管理出版社
ECONOMY & MANAGEMENT PUBLISHING HOUSE

图书在版编目（CIP）数据

透视中国经济：上市公司视角：2017-2021 年 / 吕峻等著. —北京：经济管理出版社，2022. 12
ISBN 978-7-5096-8633-1

Ⅰ. ①透… Ⅱ. ①吕… Ⅲ. ①上市公司—数据分析—中国—2017-2021 Ⅳ. ①F279. 246

中国版本图书馆 CIP 数据核字（2022）第 236036 号

组稿编辑：张广花
责任编辑：张广花
责任印制：黄章平
责任校对：蔡晓臻

出版发行：经济管理出版社
（北京市海淀区北蜂窝 8 号中雅大厦 A 座 11 层　100038）
网　　址：www. E-mp. com. cn
电　　话：（010）51915602
印　　刷：唐山玺诚印务有限公司
经　　销：新华书店
开　　本：710mm×1000mm /16
印　　张：13. 75
字　　数：180 千字
版　　次：2022 年 12 月第 1 版　　2022 年 12 月第 1 次印刷
书　　号：ISBN 978-7-5096-8633-1
定　　价：88. 00 元

联系地址：北京市海淀区北蜂窝 8 号中雅大厦 11 层
电话：（010）68022974　　邮编：100038

前言
Preface

随着我国资本市场的发展，上市公司在国民经济中的地位日益重要。截至2021年底，A股上市公司达到4672家，总市值占GDP的比重为80.3%，总营业收入占GDP的比重为55.6%。相对于非上市公司，上市公司数据披露及时、全面。对上市公司数据进行统计分析有助于我们从微观层面更加深刻地了解和理解中国经济2017~2021年的全貌和变化，特别是经济增长动力和变化、企业投融资行为和预期、中国经济发展的亮点和问题及政策效应。

2017~2021年，上市公司的总体盈利增长趋势和GDP增长率高度相关，呈不对称V形态势，盈利高峰出现在2017年，2017~2020年逐年下滑，2021年出现明显反弹。分行业总体来看，2017~2021年上市公司盈利增长的主要拉动因素是以采矿、原材料制造为主的中上游周期性行业，其次为电子、建筑材料、交通运输三个行业。盈利增长最低的行业主要是纺织服装、汽车、传媒和商业贸易，这与这些行业的出口环境发生变化或者行业发展处于低谷、消费乏力等因素有关。分阶段来看，2019年及之前，盈利增长较好的行业具有明显的房地产产业链特征，2019年之后，盈利增长较好的行业具有明显的周期性和出口高增长的特征，房地产行业盈利逐步下降。从2017~2021年的平均投资回报率来看，上市公司平均净资产收益率为8.8%，平均总资产报酬率为4.1%。中上游周期性行业投资回报率总体处于中等偏上水平，中下游行业投资回报率分化比较严重。投资回报率的变化趋势与GDP增长率基本一致，主要与各年能源、原材料等大宗商品价格变化有关，2020年以来的一系列财税和金融政策对于减缓2020年投资回报率下降和促进2021年投资回报率恢复起到明显作用。

在投资与融资方面，尽管上市公司2017~2021年固定资产投资平均增速达到9.8%，高于全社会固定资产投资增速，但增速较高的行业总体以房地产产业链为主，受需求放缓和预期走弱的影响，2021年增速未随盈利反弹增加而是逐年走低，不过2020年以来与新能源产业链、机器人产业链和交通运输设备产业链相关的电气设备、汽车和机械设备固定资产投资增速有所上升。受投资增速下降等因素的影响，2017~2021年上市公司经营性资产在总资产中的占比逐年下降，上市公司将更多资金投向了非经营性业务。与投资走弱相对应，上市公司总体融资需求也有减弱趋势，上市公司2017~2021年的经营现金流完全可以覆盖投资活动的现金支出，累计融资现金流呈净流出状态，只有8个行业的累计融资现金流呈流入状态，主要是资金需求量较高的建筑装饰、房地产、电子、电气设备、农林牧渔5个行业。上市公司的这种融资组合特征产生的结果是尽管上市公司总体资产负债率略有上升，但有息负债率却呈明显下降状态。总体来说，上市公司财务风险在2017~2021年的变化并不明显，但需要警惕房地产行业和商业贸易行业的财务风险。2017~2021年，上市公司融资现金流走势和全社会融资规模增速走势基本同步，2017年和2020年较高，其他年份都在下降，特别是在经济增速反弹的2021年下降得十分明显，反映了上市公司对于经济预期的减弱。

按控股属性来说，2017~2021年国有企业和民营企业营业收入平均增速相差不大，但利润增速差异较大。以资源品为主的国有企业利润增速明显高于以资本品或消费品为主的民营企业，尤其是在经济增长反弹的2021

年，国有企业利润明显增长，而民营企业利润却明显下降。从投资回报率角度来看，虽然2017~2021年民营企业的平均投资回报率略高于国有企业，但呈逐年走低趋势。在投资方面，民营企业固定资产投资增速明显高于国有企业，国有企业特别是中央企业的资产结构中经营性资产占比下降最为明显。相应地，国有企业特别是中央企业融资需求明显最弱，融资现金流总体呈净流出状态，而民营企业融资需求相对较强，融资现金流呈净流入状态。但是，2017~2021年民营企业净债务融资逐年减少，而中央企业净债务融资逐年增加，债务资金特别是长期债务资金有从民营企业向国有企业倾斜的趋势。从负债率来看，国有企业和民营企业的资产负债率相差不大，尽管民营企业的资产负债率有明显上升，但有息负债率的下降最明显。

从区域来看，经济增速排名靠后且经济较不发达省份的上市公司盈利和投资表现普遍较差，主要分布在东北、华北和西北的部分省份，经济增速排名靠前和经济发达省份的上市公司盈利和投资表现较好，地域性特征不明显。经济发达省份的上市公司的表现总体相对稳定，经济欠发达地区上市公司受资源型行业波动的影响，盈利和投资各年波动较大。从融资角度来看，经济增速排名靠前或经济相对发达省份的上市公司融入资金总体增长，负债率上升，经济增速排名靠后或经济欠发达的省份正好相反。这一融资特征反映了金融资源有向经济增长较快或经济发达地区转移的倾向。但是，河北省相对例外，该省上市公司盈利和投资排名相对靠后，但资产负债率却处于高位。

上市公司的财务特征反映了中国经济发展的一些有利方面和存在的问题。有利方面：一是上市公司基本以销定产，绝大多数行业库存积压问题并不严重；二是除房地产行业和商业贸易行业外，上市公司财务风险总体上升并不明显，特别是绝大多数经济欠发达地区上市公司财务风险出现了降低趋势；三是公用事业价格的严格规制大幅减轻了原材料涨价对中国经济的冲击；四是国有企业特别是中央企业资金状况良好，在“稳增长”的过程中可以大有作为。存在的问题：一是尽管以电子行业为代表的技术密集型行业获得了长足发展，但中国经济无论是从增长动力还是从金融领域来说受房地产产业链的影响仍然较重；二是汽车行业和纺织服装行业的产能过剩问题需要引起重视，新能源汽车能否带动汽车行业走出困境还有待观察；三是上市公司商业信用融资大幅增加，对外提供商业信用融资减少，加剧了中小企业资金紧张状况；四是上市公司在主业资金需求并不强烈的情况下，仍进行了规模较大的融资特别是权益融资，这使上市公司近年来的资源配置更多地向非经营性资产转移；五是上市公司金融性债务融资的收缩说明社会融资中债务资金主要流向了政府融资平台、中小企业等，提高了这些部门的债务率；六是上市公司特别是传统行业上市公司的研发投入不及预期。

当然，通过以上结论了解中国经济时，我们必须清楚这些结论的局限性。一方面，受上海证券交易所和深圳证券交易所上市政策及数据可比性等因素影响，代表中国经济最具活力的互联网企业、创新性最强的新经济企业、科创板企业、北京证券交易所等没有包括在本书的分析中，这可能会使我们低估中国经济的转型力度和发展活力；另一方面，上市公司没有包括绝大多数中小企业（特别是小企业），这些企业的绩效多数低于上市公司，融资也受到很大限制，这又使我们可能会高估中国经济的表现。此外，从研究方法来说，上市公司财务指标和相关宏观经济指标虽然高度正相关，但是含义并不完全一致，反映出的经济含义也可能存在一定偏差。

参与本书写作的还包括硕士/博士研究生（排名不分先后）：钟咏、孟雅婧、金天和、徐州、于宪荣、韩一鸣、齐乐筝、刘学峰、周展惠。

目　录

Contents

第一章

概　述

近年来，随着资本市场改革的不断深化，股票市场取得了长足发展，对实体经济的支持作用不断提升。从市场规模来看，上市公司数目快速增长，总市值、实现的营业收入均显著增长，占 GDP 的比重稳步提升。如表 1-1 所示，截至 2021 年底，A 股上市公司达到 4672 家，总市值达到 91.8 万亿元，占同期 GDP 的比重为 80.3%，总营业收入达到 63.6 万亿元，占同期 GDP 的比重为 55.6%。从融资状况来看，2020~2021 年受益于注册制的大力推进，股票市场的融资能力显著提升。2021 年，境内资本市场共有 521 家公司进行了首次公开募股（Initial Public Offering，IPO），募资额达 5392 亿元，同比增长 19.8%，IPO 公司数量和募资额创 2000 年以来新高。在全社会融资规模中，非金融企业境内股票社会融资规模在 2020~2021 年大幅回升，2021 年占比达到了 3.87%，对实体经济的支持作用显著增强。

表 1-1 2016~2021 年 A 股上市公司概要统计

年份	A 股上市公司总数（家）	IPO 情况		非金融企业境内股票社会融资规模占比（%）	总市值		总营业收入		净利润（万亿元）
		公司（家）	金额（亿元）		金额（万亿元）	占 GDP 的比重（%）	金额（万亿元）	占 GDP 的比重（%）	
2016	2969	227	1496	6.98	50.7	67.9	31.2	41.7	2.9
2017	3407	436	2301	3.35	56.5	67.9	37.8	45.4	3.6
2018	3512	105	1378	1.60	43.4	47.2	44.1	48.0	3.7

续表

年份	A股上市公司总数（家）	IPO情况		非金融企业境内股票社会融资规模占比（%）	总市值		总营业收入		净利润（万亿元）
		公司（家）	金额（亿元）		金额（万亿元）	占GDP的比重（%）	金额（万亿元）	占GDP的比重（%）	
2019	3715	201	2490	1.36	59.3	60.1	49.1	49.7	4.2
2020	4151	435	4730	2.56	79.7	78.6	51.8	51.1	4.4
2021	4672	521	5392	3.87	91.8	80.3	63.6	55.6	5.3

资料来源：根据国泰安数据库、国家统计局公布的数据整理得到。

从产业发展来看，上市公司已经基本涵盖了国民经济中的主要行业，据中国证券监督管理委员会行业分类统计，截至2021年底，上市公司行业涉及19个行业门类，81个行业大类。[①] 其中，制造业上市公司数量占比约为65%，市值约占56%，均排名第一；上市公司数量位列第二的是信息传输、软件和信息技术服务业，占比约为8.3%，市值占比约为5.7%；上市公司市值排列第二的是金融业，占比约为16%，营业收入占比约为13.8%、净利润占比约为46%，而数量占比仅为2.6%，表明中国金融业的盈利能力远超实体经济。从区域分布来看，上市公司的表现与区域经济增长状况密切相关。上市公司已覆盖了全国31个省、自治区、直辖市。在全国31个省份中，有17个省份的上市公司营业收入占到当地GDP总量的25%以上，其余省份的上市公司营业收入尽管占当地GDP的比重较低，但是这些省份的上市公司基本都是该地区实力最强的优秀企业，对于其经济发展有重要的影响。上市公司数量占比排名前五位的分别是广东、浙江、江苏、北京、上海，地区市值占比排名前五位的分别是北京、广东、浙

① 资料来源：http：//www.csrc.gov.cn/csrc/c100103/c/558619/1558619/files1638277734844_11692.pdf。

江、上海、江苏。从地区上市公司市值排名情况来看，与其地区经济发展状况较为一致，基本反映了地区间的发展差异。

在促进创新创业方面，上市公司立足新发展阶段，主动融入新发展格局，在推动研发创新、持续加大资本支出、引领技术创新等方面表现突出。随着科创板、北京证券交易所的设立，A 股市场对创新创业的推动作用日益突出。如表 1-2 所示，2016~2021 年，科创板、创业板、北京证券交易所上市公司数量占比和市值占比总体呈增长趋势，对中小微创新型企业的支持力度不断加强。

表 1-2 2016~2021 年 A 股上市公司概要统计

年份	上海证券交易所主板		深圳证券交易所主板		科创板		创业板		北京证券交易所	
	市值占比（%）	数量占比（%）	市值占比（%）	数量占比（%）	市值占比（%）	数量占比（%）	市值占比（%）	数量占比（%）	市值占比（%）	数量占比（%）
2016	69.49	52.86	17.75	21.5	0	0	12.76	25.64	0	0
2017	71.55	53.94	17.38	18.49	0	0	11.08	27.57	0	0
2018	73.88	54.35	15.03	17.82	0	0	11.09	27.83	0	0
2019	70.18	52.88	15.66	16.66	1.75	2.48	12.41	27.98	0	0
2020	63.65	49.44	14.67	14.64	5.05	6.73	16.50	27.91	0.13	1.28
2021	50.43	35.27	27.88	31.71	6.13	8.03	15.26	23.23	0.30	1.75

资料来源：根据国泰安数据库公布的数据整理得到。

上市公司的经营情况和投融资状况能够大体反映中国经济的发展状况。相对于非上市公司，上市公司对外披露的财务报告内容丰富，利用上市公司的数据，结合宏观经济指标，可以更为全面和深入地观察中国经济运行态势和经济政策效应，因此，观察中国经济发展状况离不开对上市公司的分析。本书通过构建从微观视角透视中观产业发展、宏观经济运行和经济金融政策实施效果的分析框架，结合国家宏观经济走势和相关政策实施情况，利用中国上市公司的数据，通过微观企业经营状况、投融资行为、创新投入，从微观、中观和宏观三个层面透视中国经济走势、重点行业及区域经济的运行状况以及重点调控政策的实施效果，发现中国经济增长过程中存在的问题，为直面挑战、抓住发展机遇、破解发展瓶颈提供思路。

为保持数据可比性，本书以 2017~2021 年没有发生重大重组并购事件且合并会计报表范围没有发生重要变化的非金融类上市公司（平衡面板）为样本，从总体（行业）、控股属性、分省份三个维度对上市公司盈利变化状况、盈利能力和投资与融资状况（分省份分析时删除各省份的中央企业）结合宏观经济环境进行了分析。在对行业进行分析时，本书采用了 2014 年申银万国的行业一级分类，其中非金融类行业包括 26 个行业。本书中上市公司的数据除特别注明外均来源于国泰安数据库。

第二章

上市公司盈利状况

第一节　全国经济综合增长概况

一、GDP 增长状况

2017~2021 年，我国 GDP 平均增速为 6.0%，与同期世界主要国家相比（见表 2-1）处于最高水平，波动趋势和这些国家的 GDP 走势基本一致。从各年的数据来看，总体呈不对称的先下降后上升趋势，我国的 GDP 增速从 2017 年的 6.9%下降到 2020 年的 2.2%，2021 年反弹至 8.4%。如果将 2020 年和 2021 年 GDP 增速平均（两年平均值为 5.3%），GDP 增速呈逐年下降趋势。

表 2-1　2017~2021 年世界主要国家 GDP 增速

单位：%

国家	2017 年	2018 年	2019 年	2020 年	2021 年	五年平均	两年平均[①]
中国	6.9	6.7	6.0	2.2	8.4	6.0	5.3

① 五年平均指 2017~2021 年五年数据的平均值；两年平均指 2020 年和 2021 年数据的平均值，下文同。

续表

国家	2017 年	2018 年	2019 年	2020 年	2021 年	五年平均	两年平均
越南	6.8	7.1	7.0	2.9	2.6	5.3	2.8
印度	6.8	6.5	3.7	-6.6	8.9	3.9	1.2
韩国	3.2	2.9	2.2	-0.7	4.1	2.3	1.7
澳大利亚	2.4	2.8	2.0	-2.2	4.8	2.0	1.3
美国	2.3	2.9	2.3	-3.4	5.7	2.0	1.2
俄罗斯	1.8	2.8	2.2	-2.7	4.7	1.8	1.0
加拿大	3.4	2.6	1.7	-3.1	3.7	1.7	0.3
巴西	1.3	1.8	1.2	-3.9	4.6	1.0	0.4
法国	2.3	1.9	1.8	-7.8	6.8	1.0	-0.5
德国	2.7	1.0	1.1	-3.7	2.6	0.7	-0.6
英国	2.1	1.7	1.7	-9.3	7.4	0.7	-1.0
日本	1.7	0.6	-0.2	-4.5	1.7	-0.1	-1.4

资料来源：根据 Wind 数据库的相关数据编制。

二、分产业增长情况

分三次产业来看（见表 2-2 和表 2-3），2017~2021 年，第一、第二、第三产业增加值五年平均增速中，第三产业增加值五年平均增速最快，达到 6.6%，其次是第二产业，为 5.7%，第一产业增加值五年平均增速最慢，为 4.1%。但是，将 2020~2021 年增速平均后与 2019 年相比，第一产业恢复最快，第三产业恢复最慢，第二产业处于中间位置。从产业结构来说，2021 年，第一、第二、第三产业增加值的比重分别是 7.3 ∶ 39.4 ∶ 53.3，与 2017 年相比，第一产业的比重总体下降，第二产业的比重总体略微下降，第三产业的比重明显上升。

2017~2021 年，在第二产业增加值中，工业增加值五年平均增速为 6.0%，趋势和 GDP 增速基本一致，但建筑业增加值五年平均增速仅为 4.0%，明显低于 GDP 增速，2021 年下滑明显；在第三产业增加值中，信息技术服务业五年平均增速为 20.4%，各年均维持较高水平；交通运输服务业及批发和零售业五年平均增速分别是 8.0%、6.4%，走势和 GDP 增速基本一致；房地产业增加值五年平均增速仅为 5.8%，除 2017 年增速达到 14.2%外，受 2016 年下半年各地限购政策收紧和当年年底中央经济工作会议提出要坚持“房子是用来住的，不是用来炒的”定位的影响，2018~2020 年骤降，但 2021 年略有回升①。金融业平均增速为 6.3%，各年波动明显，2018 年和 2021 年分别为 4.4%、4.8%，其余年度保持在 7%以上的水平，这一趋势与我国 GDP 走势明显不同，与股票市场大盘指数波动基本一致。2017~2021 年，在上述主要行业中，只有建筑业增加值和房地产业增加值五年平均增速低于我国 GDP 五年平均增速。

表 2-2　2017~2021 年三次产业及重要行业增加值增速

单位:%

指标	2017 年	2018 年	2019 年	2020 年	2021 年	五年平均	两年平均
第一产业增加值	3.9	3.5	3.1	3.0	7.1	4.1	5.1
第二产业增加值	6.1	5.8	5.7	2.6	8.2	5.7	5.4
其中：工业增加值	6.4	6.1	5.7	2.4	9.6	6.0	6.0
建筑业增加值	4.3	4.5	5.6	3.5	2.1	4.0	2.8
第三产业增加值	8.0	7.6	6.9	2.1	8.2	6.6	5.2
其中：批发和零售业	10.1	6.2	5.7	-1.3	11.3	6.4	5.0
交通运输服务业	12.4	8.1	7.1	0.5	12.1	8.0	6.3

① 房地产业增加值增速变化趋势与全社会房地产投资增速（见第三章）及房地产上市公司营业收入增速趋势（见本章后面部分）差异较大，与社会感知也有明显差异。

续表

指标	2017 年	2018 年	2019 年	2020 年	2021 年	五年平均	两年平均
金融业	8.1	4.4	7.2	7.0	4.8	6.3	5.9
房地产业	14.2	3.8	3.0	2.9	5.2	5.8	4.1
信息技术服务业	18.3	30.7	18.7	16.9	17.2	20.4	17.1

资料来源：根据国家统计局公布的相关数据整理得到。

表 2-3　2017~2021 年全国三次产业增加值占比

单位：%

指标＼年份	2017	2018	2019	2020	2021
第一产业增加值	7.9	7.0	7.1	7.7	7.3
第二产业增加值	40.5	39.7	39.0	37.8	39.4
第三产业增加值	51.6	53.3	53.9	54.5	53.3

资料来源：根据国家统计局公布的相关数据整理得到。

三、工业产能利用率

如图 2-1 所示，2017 年全国工业产能利用率为 77.0%，2018 年和 2019 年分别回落到 76.5%、76.6%，2020 年下降到 74.5%，2021 年反弹到 77.5%。2017~2021 年全国工业产能利用率趋势虽然与 GDP 增速和工业增加值增速总体趋势一致，但是 2019 年和二者略有不同，即 2019 年全国工业产能利用率并没有随 GDP 增速和工业增加值增速明显下降，可能和 2019 年经济增速下降主要与生产价格指数（Producer Price Index，PPI）下降有关，与产量下降关系较小。总体来说，2017~2021 年，除 2020 年外，其余年份全国工业产能利用率波动不大。

图 2-1　2017~2021 年全国工业产能利用率

资料来源：根据国家统计局公布的相关数据整理得到。

四、主要工业品产量增速

如表 2-4 所示，2017~2021 年，在主要工业产品中，产量两年平均增速较快的产品是工业机器人、集成电路、发电机组、大中型拖拉机、乙烯和微型计算机设备，这些产品的两年增速均达到 17%以上，除化工材料乙烯外，产量高速增长的工业产品基本为机械电子类产品；两年平均增速较低的产品是程控交换机、布、化肥、彩色电视机、移动通信手持机，这些产品增长缓慢的主要原因是产品发展高峰已过、市场萎缩等。

表 2-4　2017~2021 年全国主要工业产品增速

单位：%

指标	2017 年	2018 年	2019 年	2020 年	2021 年	五年平均	两年平均
纱	8.5	-7.3	-6.1	-7.4	9.8	-0.5	1.2
布	-4.3	-4.9	-17.6	-17.1	9.3	-6.9	-3.9
化学纤维	0.7	2.7	9.9	4.1	9.5	5.4	6.8

续表

指标	2017 年	2018 年	2019 年	2020 年	2021 年	五年平均	两年平均
成品糖	1.9	3.5	15.9	3.0	3.6	5.6	3.3
卷烟	-1.6	-0.4	1.1	0.9	1.3	0.3	1.1
彩色电视机	1.0	18.2	-3.5	3.3	-5.8	2.6	-1.3
家用电冰箱	0.8	-3.9	6.3	14.0	-0.3	3.4	6.9
房间空气调节器	24.5	14.7	4.3	-3.8	3.8	8.7	0.0
原煤	3.3	4.5	4.0	1.4	5.7	3.8	3.6
原油	-4.1	-1.3	0.9	1.6	2.1	-0.2	1.9
天然气	8.2	8.3	10.0	9.8	7.8	8.8	8.8
发电量	5.9	7.7	4.7	3.7	9.7	6.3	6.7
粗钢	3.0	6.6	7.2	7.0	-2.8	4.2	2.1
钢材	0.1	5.6	6.3	10.0	0.9	4.6	5.5
十种有色金属	2.9	3.7	2.2	5.5	4.7	3.8	5.1
水泥	-3.1	-5.3	4.9	2.5	-0.4	-0.3	1.1
硫酸（折 100%）	0.9	-0.9	-1.3	1.3	1.6	0.3	1.5
烧碱（折 100%）	5.1	2.7	-0.3	6.2	5.9	3.9	6.1
乙烯	2.3	1.1	10.2	5.2	30.8	9.9	18.0
化肥（折 100%）	-6.7	-7.9	6.1	-4.1	0.9	-2.3	-1.6
发电机组	-9.8	-10.3	-14.9	38.3	19.2	4.5	28.8
汽车	3.2	-4.1	-8.3	-1.4	4.8	-1.2	1.7
大中型拖拉机	-32.4	-29.3	5.9	23.0	19.4	-2.7	21.2
集成电路	18.7	11.2	8.9	29.6	37.5	21.2	33.6
程控交换机	-14.9	7.3	-23.7	-11.1	-0.4	-8.6	-5.8
移动通信手持机	2.2	-4.8	-5.5	-13.3	13.1	-1.7	-0.1
微型计算机设备	5.8	0.1	8.2	10.6	23.5	9.6	17.1
工业机器人	0	6.4	-3.1	20.7	67.9	18.4	44.3

资料来源：根据国家统计局公布的相关数据整理得到。

2017~2021年，集成电路产品产量一直维持较高增速，能源类产品保持中高增速且增速总体稳定，其余产品产量增速波动明显。以2019年为界，2019年之前，主要工业产品产量增速较高的是以房间空气调器、彩色电视机为代表的家用电器类产品，但这些产品在2019年之后产量增速明显下滑。2019年之后，工业产品产量增速较高的是发电机组、集成电路、工业机器人、大中型拖拉机、微型计算机设备。

五、对外贸易增长情况

如表2-5所示，2017~2021年，进出口总额和出口总额平均增速分别为10.2%、9.6%，出口增速各年走势和GDP增速基本一致，呈不对称的“V”形走势，但2021年的增速为这五年的最高值。

表2-5　2017~2021年对外贸易金额（人民币）增长状况

单位：%

指标	2017年	2018年	2019年	2020年	2021年	五年平均	两年平均
进出口总额	14.3	9.7	3.5	2.1	21.3	10.2	11.7
其中：出口总额	10.8	7.1	5.0	4.0	21.2	9.6	12.6

资料来源：根据国家统计局公布的相关数据整理得到。

六、主要商品出口增速

如表2-6所示，2017~2021年，按照商品出口金额，主要商品出口平均增速较高的是集装箱、汽车、集成电路、玩具、塑料制品，平均增速较低的是箱包及类似容器、服装及衣着附件、液晶显示板及鞋类。从趋势来看，2021 年，出口增速一直保持较高水平的商品是集装箱、汽车、钢材、液晶显示板等。汽车出口增速在 2020 年为负，但在 2021 年出现较高反弹。2021 年，除纺织纱线、织物及制品出口金额增速出现下跌外，其余产品出口金额增速都显著提高，增幅较高的是集装箱、汽车和钢材。

表 2-6　主要商品出口金额（人民币）增速

单位：%

商品名称	2017 年	2018 年	2019 年	2020 年	2021 年	五年平均	两年平均
煤（包括褐煤）	64.7	—	—	—	—	12.9	—
钢材	3.1	7.7	-7.1	-14.8	67.9	11.4	26.6
纺织纱线、织物及制品	7.4	5.1	5.5	30.4	-12.2	7.2	9.1
服装及衣着附件	2.3	-2.3	0.3	-6.0	15.6	2.0	4.8
鞋类	5.0	-5.4	6.3	-20.9	26.2	2.2	2.7
家具及其零件	7.4	4.8	5.3	12.2	18.2	9.6	15.2
箱包及类似容器	—	-1.0	5.1	-23.9	26.1	1.3	1.1
玩具	—	2.3	29.6	7.7	28.6	13.6	18.2
塑料制品	—	9.3	16.2	20.0	20.5	13.2	20.3
集成电路	—	23.5	25.3	15.0	23.4	17.4	19.2
自动数据处理设备及其部件	18.1	6.0	0.5	12.0	12.9	9.9	12.5
手持或车载无线电话	11.3	9.8	-7.8	0.4	9.3	4.6	4.9
集装箱	103.2	20.9	-33.0	10.5	198.3	60.0	104.4
液晶显示板	2.3	-12.5	-3.4	-7.1	30.5	2.0	11.7
汽车	27.2	8.3	8.0	-3.2	104.6	29.0	50.7

资料来源：根据国家统计局公布的数据整理得到。

七、社会零售商品总额

如图 2-2 所示，2017～2021 年社会零售商品总额实际平均增速约为 5.5%，比 GDP 五年平均增速低 0.5%。2017 年，社会零售商品总额的增速高于 GDP 增速，2018 年和 2019 年呈逐年下降趋势，2020 年出现明显下降，2021 年出现了明显反弹，但将 2020 年和 2021 年的增速值平均（两年平均值为 2.75%），明显低于 GDP 五年平均增速，说明社会零售商品消费低迷，对 GDP 增长产生的负面影响较大。

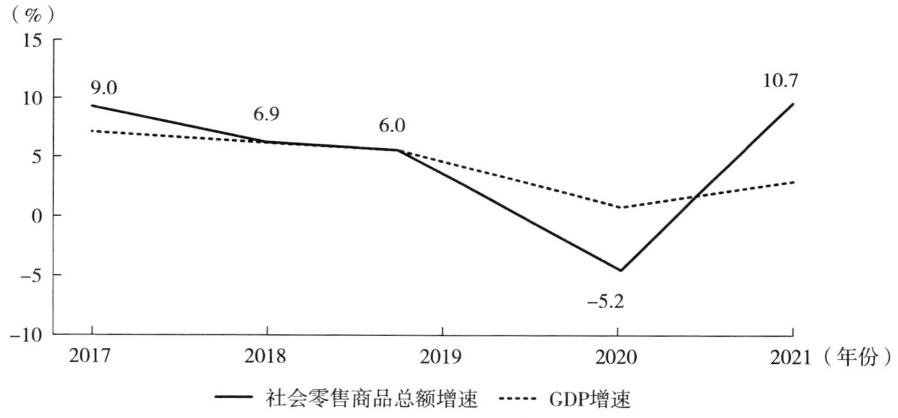

图 2-2　2017～2021 年社会零售商品总额增速与 GDP 增速

资料来源：根据国家统计局公布的相关数据整理得到。

八、物价情况

如图 2-3 所示，2017～2021 年全国 PPI 的五年平均增速比消费者价格指数（Consumer Price Index，CPI）的五年平均增速约高 1.2%。2017～2021 年，PPI 增速波动较大，2019 年和 2020 年呈负增长，其余年份特别是

2021 年处于高增长态势；CPI 的增速虽然各年都为正，但总体维持在 3%以下的较低水平，走势和 PPI 的增速大体相反，其中 2021 年处于最低水平，增速为 0.9%。把 CPI 变动与滞后一期的 PPI 变动相比，PPI 变动对 CPI 变动具有一定的传导性，但并不显著。

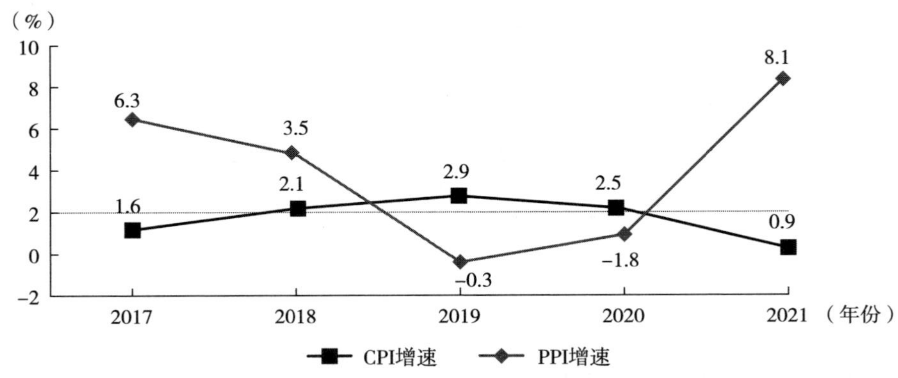

图 2-3　2017~2021 年全国 CPI 和 PPI 增速

资料来源：根据国家统计局公布的相关数据整理得到。

第二节　上市公司盈利总量变化状况

2017~2021 年，上市公司总体盈利同比增速呈先下降后上升的不对称 V 形趋势（见表 2-7），和全国 GDP 增速走势基本一致。2017~2020 年为下降期，2021 年明显回升。营业收入增速从 2017 年的 19.3%下降到 2020 年的 1.2%，2021 年回升到 22.3%，2020 年与 2021 年两年平均增速为 11.8%，超过 2019 年的增速（8.4%）。核心利润①增速从 2017 年 37.1%逐年下降到

① 核心利润=营业收入-营业成本-税金及附加-销售费用-管理费用-财务费用。

2020 年的-2. 1%，2021 年回升到 29. 5%，2020 年与 2021 年两年平均增速为 13. 7%，明显超过 2019 年的增速（0. 3%）。如表 2-8 所示，从周期性行业①和非周期性行业来看，两者的盈利变化趋势与总体盈利增速趋势基本一致，但值得关注的是，2021 年非周期性行业的核心利润并没有得到恢复，而是处于下降态势（增速值为-1. 5%），而 2021 年周期性行业盈利得到明显恢复。

表 2-7　2017~2021 年上市公司总体盈利同比增速

单位：%

指标	2017 年	2018 年	2019 年	2020 年	2021 年	五年平均	两年平均
营业收入	19. 3	13. 4	8. 4	1. 2	22. 3②	12. 9	11. 8
净利润	34. 2	2. 5	1. 1	7. 8	16. 0	12. 3	11. 9
核心利润	37. 1	15. 4	0. 3	-2. 1	29. 5	16. 0	13. 7
非核心利润	3. 9	-57. 7	20. 0	119. 3	-68. 5	3. 4	25. 4

资料来源：笔者根据样本上市公司数据编制。

表 2-8　2017~2021 年周期性行业与非周期性行业的上市公司盈利同比增速

单位：%

指标		2017 年	2018 年	2019 年	2020 年	2021 年	五年平均	两年平均
营业收入	周期性行业	26. 2	15. 4	5. 2	-10. 0	34	14. 2	12. 0
	非周期性行业	18. 2	12. 3	9. 9	6. 6	16. 9	12. 8	11. 8
核心利润	周期性行业	119. 8	24. 1	-23. 1	-20. 4	157. 6	51. 6	68. 6
	非周期性行业	18. 9	11. 9	10. 8	3. 7	-1. 5	8. 8	1. 1

资料来源：笔者根据样本上市公司数据编制。

① 本书周期性行业仅指盈利随物价指数波动较大的钢铁、化工、有色金属和采掘业，下同。

② 根据中国上市公司协会统计，2021 年非金融类公司实现营业总收入 54. 90 万亿元，同比增长 22. 63%。

2021 年，在 26 个申银万国非金融行业中，有 8 个行业的核心利润出现了下降，分别是农林牧渔、公用事业、房地产、综合、传媒、汽车、商业贸易、计算机，其中降幅较大的是农林牧渔、公用事业和房地产行业。其余 18 个行业的核心利润保持了增长，增幅较大的是交通运输、采掘和有色金属行业。

如表 2-9 所示，将上市公司财务指标和宏观经济指标进行相关性分析，可以看出：①上市公司营业收入增速与 PPI 增速、全国 GDP 增速、工业增加值增速高度正相关，相关系数均达到了 0.9 以上，与 PPI 增速相关度最高，相关系数达到了 0.984，与 CPI 增速相关度较低；②上市公司核心利润增速与 PPI 指数高度相关，相关系数达到了 0.951，与 GDP 增速及工业增加值增速正相关，相关系数达到了 0.7 以上。

表 2-9　2017~2021 年上市公司总体盈利增速和宏观经济指标的相关系数

指标	营业收入增速	净利润增速	核心利润增速	全国 GDP 增速	工业增加值增速	CPI 指数	PPI 指数
营业收入增速	1.000						
净利润增速	0.595	1.000					
核心利润增速	0.930**	0.816*	1.000				
全国 GDP 增速	0.923**	0.312	0.744	1.000			
工业增加值增速	0.923**	0.293	0.721	0.947**	1.000		
CPI 增速	-0.860*	-0.617	-0.862*	-0.637	-0.773	1.000	
PPI 增速	0.984***	0.634	0.951**	0.849	0.881**	-0.931**	1.000

注：***、**、*分别表示在 1%、5%、10%的水平上显著。

资料来源：笔者根据样本上市公司数据编制。

第三节　上市公司核心利润变化原因

一、营业收入

2017~2021 年，上市公司营业收入的平均增速为 12.9%。其中，周期性行业营业收入平均增速为 14.2%，非周期性行业营业收入平均增速为 12.8%。如表 2-10 所示，2017~2021 年各年营业收入增速较高的行业是钢铁（2017 年和 2021 年营业收入增速分别为 41.4%、40.8%）、建筑材料（2018 年营业收入增速为 32.8%）、房地产（2019 年营业收入增速为 21.6%）、农林牧渔（2020 年营业收入增速为 29.0%），五年平均营业收入增速最高的行业是钢铁，增速为 20.1%；各年营业收入增速较低的行业是国防军工（2017 年营业收入增速为 0.3%）、汽车（2018 年、2019 年营业收入增速分别为 3.0%、-3.0%）、休闲服务（2020 年营业收入增速为-27.0%）、传媒（2021 年营业收入增速为 6.0%），五年平均营业收入增速最低的行业是纺织服装，增速为 2.9%。

从变化趋势来看，2017~2021 年营业收入增速变化趋势与 GDP 增速和 PPI 增速基本一致，呈不对称的 V 形态势。从营业收入增长区间行业分布数量（见表 2-11）来看，2019 年营业收入增速在 3%以下的行业数量达到 7 个，和 2018 年相比有明显增加，2020 年增加到 10 个。与 2018 年相比，2019 年营业收入增速明显上升的行业仅有有色金属、建筑装饰和农林牧渔 3 个行业，而增速明显下降的行业达到 17 个（见表 2-12）。不考虑受

表 2-10　2017~2021 年分行业上市公司营业收入增速

单位：%

行业	2017 年	行业	2018 年	行业	2019 年	行业	2020 年	行业	2021 年	行业	五年平均
钢铁	41.4	建筑材料	32.8	房地产	21.6	农林牧渔	29.0	钢铁	40.8	钢铁	20.1
建筑材料	33.4	休闲服务	24.9	农林牧渔	17.9	有色金属	15.7	交通运输	40.4	交通运输	19.7
家用电器	33.0	综合	21.5	建筑装饰	15.9	电气设备	14.7	有色金属	35.2	电子	19.2
交通运输	28.4	房地产	21.1	食品饮料	14.2	房地产	12.6	电子	34.6	建筑材料	19.2
电子	27.9	医药生物	19.6	建筑材料	13.7	建筑装饰	12.5	采掘	32.7	有色金属	17.4
采掘	26.7	化工	19.3	医药生物	13.1	机械设备	11.6	化工	31.7	农林牧渔	16.4
化工	24.8	计算机	18.2	有色金属	12.1	电子	10.2	商业贸易	25.2	电气设备	14.3
轻工制造	22.7	电子	16.4	电气设备	11.5	食品饮料	8.8	轻工制造	24.5	房地产	13.9
商业贸易	22.0	机械设备	15.2	交通运输	11.0	建筑材料	8.6	休闲服务	23.9	轻工制造	13.9
休闲服务	21.3	家用电器	15.1	公用事业	10.2	综合	6.4	公用事业	20.7	家用电器	13.9
公用事业	20.6	交通运输	15.0	机械设备	9.2	计算机	5.7	电气设备	20.0	采掘	13.4
传媒	19.0	采掘	14.7	计算机	9.1	通信	4.0	机械设备	18.7	机械设备	13.3
综合	18.8	钢铁	13.8	采掘	7.6	轻工制造	3.9	农林牧渔	15.8	建筑装饰	12.9
医药生物	17.7	食品饮料	13.7	电子	7.1	交通运输	3.8	家用电器	15.1	医药生物	12.8
纺织服装	17.1	轻工制造	13.3	传媒	6.3	商业贸易	3.0	建筑装饰	15.0	公用事业	12.8

续表

行业	2017 年	行业	2018 年	行业	2019 年	行业	2020 年	行业	2021 年	行业	五年平均
电气设备	16.7	公用事业	13.0	轻工制造	5.2	钢铁	2.4	计算机	14.9	食品饮料	12.6
有色金属	16.3	传媒	11.3	家用电器	5.0	医药生物	2.4	国防军工	11.6	化工	11.8
食品饮料	15.9	建筑装饰	10.9	商业贸易	4.4	家用电器	1.2	医药生物	11.3	商业贸易	11.6
汽车	15.4	农林牧渔	10.2	国防军工	3.7	国防军工	-0.2	通信	11.2	计算机	11.6
机械设备	11.8	电气设备	8.7	钢铁	2.2	公用事业	-0.7	食品饮料	10.2	综合	11.3
建筑装饰	10.1	国防军工	8.5	化工	2.2	汽车	-1.7	汽车	9.3	休闲服务	9.0
计算机	9.9	有色金属	7.7	休闲服务	1.7	传媒	-14.1	纺织服装	8.9	通信	5.8
通信	9.3	纺织服装	5.4	综合	1.2	采掘	-14.9	房地产	8.8	传媒	5.7
农林牧渔	9.0	商业贸易	3.4	通信	1.1	纺织服装	-15.6	综合	8.4	国防军工	4.8
房地产	5.5	通信	3.3	纺织服装	-1.1	化工	-18.9	建筑材料	7.4	汽车	4.6
国防军工	0.3	汽车	3.0	汽车	-3.0	休闲服务	-27.0	传媒	6.0	纺织服装	2.9

资料来源：笔者根据样本上市公司数据编制。

疫情影响严重的2020年，2017~2021年，2019年上市公司营业收入增长动能明显较弱，这一特征和GDP增速变化一致。因此，本节以2019年为界分析上市公司营业收入变化的特征。

表2-11　2017~2021年上市公司营业收入增长区间行业分布数量

单位：个

增长区间	2017年	2018年	2019年	2020年	2021年
>3%	25	25	19	16	26
<3%	1	1	7	10	0

资料来源：笔者根据样本上市公司数据编制。

表2-12　2019年和2018年比较的营业收入增速变化区间行业分布

变化区间	行业
下降（<-3%）	休闲服务、综合、建筑材料、化工、钢铁、家用电器、电子、计算机、轻工制造、采掘、纺织服装、医药生物、汽车、传媒、机械设备、国防军工、交通运输
保持不变（-3%~3%）	公用事业、通信、房地产、食品饮料、商业贸易、电气设备
增长（>3%）	有色金属、建筑装饰、农林牧渔

资料来源：笔者根据样本上市公司数据编制。

2019年及以前，营业收入增速较高的行业主要有建筑材料、钢铁、房地产、休闲服务等；2019年之后，营业收入增速较高的行业主要为钢铁、交通运输、农林牧渔、有色金属等。

将2020年和2021年营业收入增速平均之后，与2019年营业收入增速进行比较（见表2-13）发现，钢铁、交通运输和有色金属三个行业上市公司营业收入增速上升较快；房地产、传媒和建筑材料营业收入增速下降较为明显。说明剔除2020年疫情的影响，除交通运输业外，2021年经营情况明显好于2019年的行业主要是中上游材料行业，2021年经营情况明显差于2019年的行业是直接与房地产相关的行业和传媒行业。

表2-13　2020年和2021年两年平均营业收入增速与2019年比较的行业分布

变化区间	行业
下降（<-3%）	房地产、传媒、建筑材料、医药生物、食品饮料、休闲服务
保持不变（-3%~3%）	建筑装饰、纺织服装、公用事业、计算机、采掘、国防军工
增长（>3%）	家用电器、化工、农林牧渔、机械设备、电气设备、综合、通信、汽车、轻工制造、商业贸易、电子、交通运输、有色金属、钢铁

资料来源：笔者根据样本上市公司数据编制。

总体来说，2017~2021年上市公司营业收入增速变化的主要原因如下：

（1）营业收入增速总体趋势主要受国内外对采矿与原材料产品的需求和价格变动主导。

（2）电子、建筑装饰和交通运输是2017~2021年营业收入保持较高增速的三个行业。电子行业营业收入保持较高增速与国家政策支持和国外需求的拉动有关；交通运输行业营业收入保持较高增速与外贸增长和国内线上购物增长的带动有关；建筑装饰行业营业收入保持较高增速与“一带一路”倡议带动的对外工程总承包增长及基础设施建设、城市更新带动的工程量增长有关。

（3）除电子、建筑装饰和交通运输行业之外，2019年及之前，营业收入增速较高的行业具有明显的房地产产业链特征，这主要是由这一期间房地产行业景气度较高引起的；2019年多数行业营业收入增长较乏力；2019年之后，营业收入的恢复性增长首先与出口激增有关（如在2021年之前收入增速下降的家用电器、汽车、轻工制造等行业在2021年都得到了一定程度的恢复），其次与新能源建设和应用行业景气度上升带动电气设备和机械制造行业增长有关。

（4）2017~2021 年，通信、汽车、传媒、纺织服装行业营业收入增速较低。主要原因：①通信、汽车行业总体已经度过了高速发展期，个别细分行业（如新能源汽车）的景气度上升并没有带动整体行业景气度的上升；②传媒行业一方面与政策管制有关，另一方面与传媒行业上市公司的产品缺乏创新或缺乏高质量作品有关；③纺织服装业近年来因产业有外移趋势，整体上出口增速较低。

（5）典型的消费品行业如医药生物、食品饮料和公用事业行业的营业收入增速整体上保持较稳定的增长，虽然在一定程度上受到了经济背景和政策的影响（如我国实施药品带量采购政策，具体分析见附录一），但影响并不大。

二、毛利

如表 2-14 所示，2017~2021 年，上市公司毛利平均增速为 10.2%，略低于营业收入增速，毛利平均增速的变化趋势与营业收入平均增速的变化趋势基本一致。如图 2-4 所示，分行业来看，周期性行业毛利平均增速为 14.1%，和营业收入平均增速基本相同，有色金属、钢铁、采掘行业毛利平均增速分别高于营业收入平均增速 7.0%、5.4%、1.1%；非周期性行业的毛利平均增速为 10.3%，低于营业收入平均增速 2.5%，主要是由于公用事业、农林牧渔、商业贸易、房地产业毛利增速较低引起的。

表 2-14　2017～2021 年上市公司毛利增速和营业收入增速比较

单位：%

指标	2017 年	2018 年	2019 年	2020 年	2021 年	五年平均	两年平均
营业收入增速	19.3	13.4	8.4	1.2	22.3	12.9	11.8
毛利增速	19.0	14.5	5.1	-2.7	15.3	10.2	6.3
差异	0.3	-1.1	3.3	3.9	7.0	2.7	5.5

注：差异=毛利增速-营业收入增速。

资料来源：笔者根据样本上市公司数据编制。

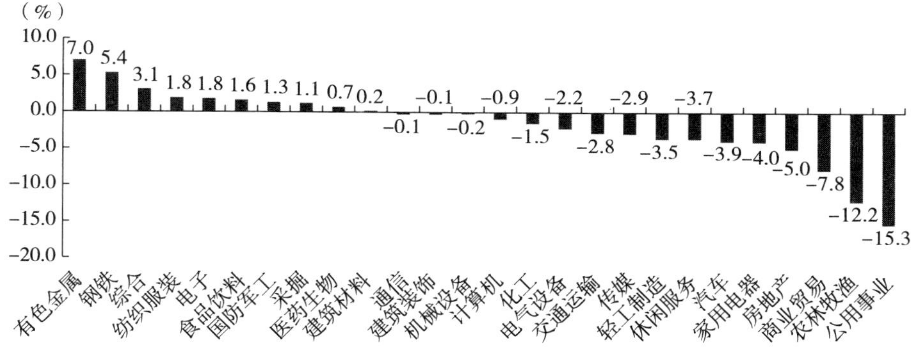

图 2-4　2017～2021 年上市公司毛利平均增速和营业收入平均增速差异的行业分布

注：差异=毛利平均增速-营业收入平均增速。

资料来源：笔者根据样本上市公司数据绘制。

行业毛利增速和营业收入增速差异的主要原因有以下几个方面：

（1）中上游部分周期性行业产品总体景气度较高，价格上涨明显（见图 2-5），且因产量增加导致单位产品分摊的固定成本下降。

（2）公用事业行业毛利平均增速低于营业收入平均增速主要是由于上游原材料价格大幅度上升（主要表现在 2017 年和 2021 年）引起的，但公用事业价格受到国家的严格管控，其上涨幅度很小或者没有上涨。

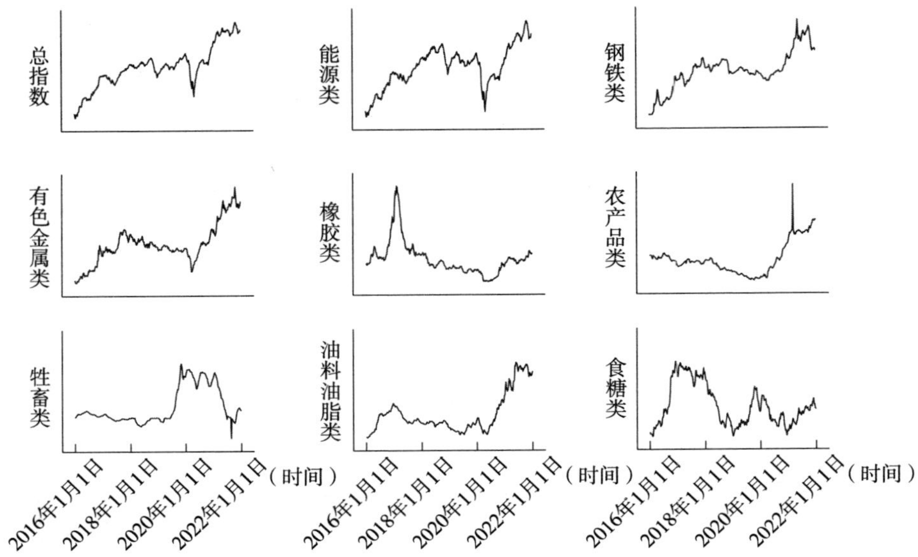

图 2-5　2016 年 1 月 1 日至 2022 年 1 月 1 日我国大宗商品价格指数走势

资料来源：根据 Wind 数据库的相关数据绘制。

（3）农林牧渔行业毛利平均增速较低主要与 2021 年猪禽行业产能出清引起的价格下降有关。

（4）商业贸易、家用电器、汽车和轻工制造的毛利平均增速低于营业收入平均增速，主要与这些行业产品需求乏力和上游行业产品价格上涨造成成本上升有关。

（5）休闲服务行业毛利平均增速较低主要是疫情造成行业市场明显萎缩，且其以固定成本为主的成本结构难以改变。

（6）房地产行业毛利平均增速较低主要与该行业在 2017 年和 2018 年房地产过热带来的高地价及 2020～2021 年房地产价格上涨趋缓甚至下降有关。

三、税金及附加

2017~2021年，上市公司税金及附加平均增速为4.4%，仅为营业收入平均增速的近1/3。税金及附加平均增速变化趋势与营业收入平均增速变化趋势一致。考虑到2019年之前营业税改增值税等政策，本书比较了2019~2021年税金及附加平均增速和营业收入平均增速（见表2-15），税金及附加平均增速比营业收入平均增速低8%。税金及附加增速这一变化趋势既与营业税改增值税引起的多数行业税负下降有关，也与2020年以来的政策性减税降费密切相关。此外，部分行业（如房地产行业）税金及附加减少与这些行业的毛利下降明显有关。

表2-15　2017~2019年税金及附加增速与营业收入增速比较

单位：%

指标	2017年	2018年	2019年	2020年	2021年	2019~2021年三年平均
营业收入增速	19.3	13.4	8.4	1.2	22.3	10.6
税金及附加增速	3.6	10.7	4.4	-6.3	9.8	2.6
差异	-15.7	-2.7	-4.0	-7.5	-12.5	-8.0

注：受2016年营业税改增值税全面推行、2017年房产税等税费会计处理影响及2018年开征环境保护税，2017~2018年税金及附加和以前年度不具有可比性。[①]差异=税金及附加增速-营业收入增速。

资料来源：笔者根据样本上市公司数据编制。

① 自2018年1月1日起施行《中华人民共和国环境保护税法》，根据相关规定，将环境保护税计入税金及附加科目中核算。根据《增值税会计处理规定》（财会〔2016〕22号）的有关规定，2016年度的税金及附加包括2016年5月1日起的房产税、土地使用税、车船使用税、印花税等相关税费。

分行业来看，税金及附加平均增速低于营业收入平均增速的行业有 24 个，仅食品饮料、汽车两个缴纳消费税的行业税金及附加平均增速高于营业收入平均增速。低于营业收入平均增速最为明显的是综合、房地产、建筑装饰、交通运输、建筑材料五个行业（见图 2-6）。

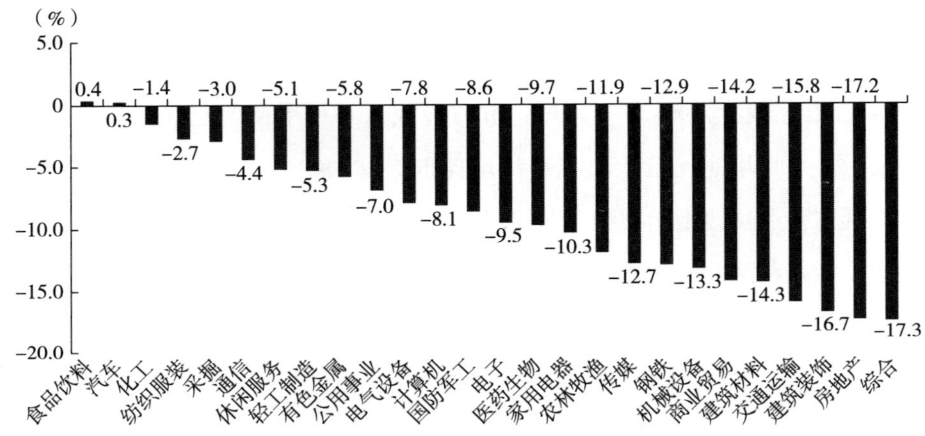

图 2-6　2019~2021 年上市公司税金及附加平均增速与营业收入平均增速差异的行业分布

注：差异=税金及附加平均增速-营业收入平均增速。

资料来源：笔者根据样本上市公司数据绘制。

四、期间费用

2017~2021 年，上市公司期间费用平均增速为 8%①，与营业收入平均增速相比低近 5%。如表 2-16 所示，销售及管理费用平均增速为 9.2%，财务费用平均增速为 6.6%，二者分别比营业收入平均增速低 3.7%和 6.3%。如表 2-17 所示，期间费用增速和营业收入增速相比，变化最为明

① 上市公司期间费用平均增速为销售费用、管理费用、财务费用 2017~2021 年的五年平均增速。

显的是2021年，销售及管理费用增速比2021年的营业收入增速低13.3%，财务费用增速比2021年的营业收入增速低21.5%。

表2-16　2017~2021年上市公司期间费用增速

单位：%

项目	2017年	2018年	2019年	2020年	2021年	五年平均
销售及管理费用增速	14.7	15.1	8.6	-1.6	9.0	9.2
财务费用增速	16.1	12.2	6.5	-2.8	0.8	6.6

资料来源：笔者根据样本上市公司数据编制。

表2-17　2017~2021年上市公司期间费用增速与营业收入增速比较

单位：%

项目	2017年	2018年	2019年	2020年	2021年	五年平均
销售及管理费用增速	-4.6	1.7	0.2	-2.8	-13.3	-3.8
财务费用增速	-3.2	-1.2	-1.9	-4.0	-21.5	-6.4

资料来源：笔者根据样本上市公司数据编制。

销售及管理费用平均增速明显低于营业收入平均增速首先是上市公司营业收入增长受周期性行业影响较大引起的（销售及管理费用具有一定黏性，波动幅度通常小于营业收入，这一特征在周期性行业中表现得最为显著），其次与部分上市公司近年来的部分非生产性支出（如审计费用下降）和调账（一些税费调整到税金及附加科目）有关。

2017~2021年财务费用增速下降的主要原因包括以下几个方面：①贷款利率下降。尽管从2015年10月以来，人民币基准贷款利率一直没有变化，一年以内含一年的贷款利率为4.35%，但由于近年来货币政策相对宽松，贷款市场报价利率（LPR）明显下降，一年期贷款市场报价利率从2019年的4.31%下降到2021年的3.80%（见表2-18，图2-7）。②上市公司净债务融资规模逐年下降。③一些资源型公司经营现金流增幅较高，且新增投资金额不高，导致其利息收入增加。④近年来人民币汇率的明显贬值使美元资产大于美元负债的行业（主要是出口导向型行业，如家用电器）汇兑收益大幅增加。家电类上市公司随人民币贬值，汇兑损失减少。⑤货币政策宽松和债券市场的发展使一些美元负债大于美元资产的行业（如航空业）纷纷用国内债券置换美元贷款，从而减少汇兑损失。

表 2-18　2017~2021 年货币政策宽松度（MP）

年份	MP	M2-GDP
2017	1.7	1.3
2018	1.8	2.3
2019	1.8	2.6
2020	8.2	7.8
2021	2.5	0.9

注：MP＝M2 增长率-GDP 增长率-CPI 增长率。
资料来源：根据 Wind 数据库的相关数据编制。

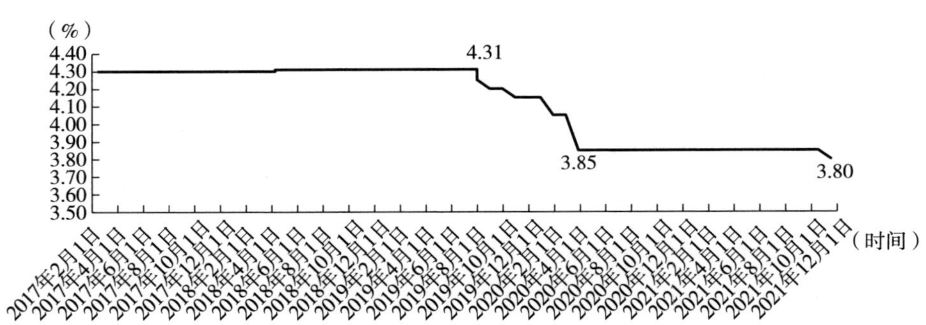

图 2-7　2017 年 2 月 1 日至 2021 年 12 月 1 日全国一年期贷款市场报价利率（LPR）走势

资料来源：根据 Wind 数据库的相关数据绘制。

五、小结

2017~2021 年上市公司核心利润平均增速为 16.0%，其中，周期性行业核心利润平均增速为 51.6%，非周期性行业核心利润平均增速为 8.8%。核心利润的波动，从纵向来说，主要是由于大宗商品价格波动（特别是价格上升）引起的周期性行业营业收入和毛利变化所致。这一期间，税收和金融环境的变化使上市公司税金及附加增速、财务费用增速明显较低甚至下降，对降低企业成本具有一定的促进作用。

如表 2-19 所示，分行业来看，2017~2021 年各年核心利润增速较高的行业分别是钢铁（2017 年核心利润增速为 327.5%）、综合（2018 年核心利润增速为 214.9%）、农林牧渔（2019 年与 2020 年核心利润增速分别为 150.3%、62.0%）、交通运输（2021 年核心利润增速为 399.0%），五年平均核心利润增速最高的行业是综合，增速为 109.4%；各年核心利润增速较低的行业分别为公用事业（2017 年核心利润增速为 -28.2%）、汽车（2018 年核心利润增速为-35.8%）、钢铁（2019 年核心利润增速为-50.3%）、交通运输（2020 年核心利润增速为-66.4%）、农林牧渔（2021 年营业收入增速为-131.8%），五年平均核心利润增速最低的行业是汽车，增速为-12.4%。这与政府对公用事业的行业价格进行管制、农林牧渔行业价格的波动、汽车行业销售总体偏冷及消费乏力（特别是线下消费）有关。

从核心利润占比来说，2019 年之前，上市公司总体盈利占比较高的行业是房地产、采掘、建筑装饰、食品饮料、建筑材料，盈利增长具有明显的房地产产业链特征；2019 年之后，上市公司总体盈利占比较高的行业是化工、采掘、有色金属、电子、钢铁、建筑装饰和交通运输。

表 2-19　2017~2021 年分行业上市公司核心利润增速

单位：%

行业	2017 年	行业	2018 年	行业	2019 年	行业	2020 年	行业	2021 年	行业	五年平均
钢铁	327.5	综合	214.9	农林牧渔	150.3	农林牧渔	62.0	交通运输	399.0	综合	109.4
综合	299.9	建筑材料	76.7	公用事业	27.7	有色金属	54.4	采掘	172.2	钢铁	84.7
采掘	172.3	通信	56.5	电气设备	25.8	综合	37.7	化工	171.4	交通运输	72.7
有色金属	109.2	采掘	47.6	机械设备	18.8	电子	31.1	有色金属	139.2	采掘	67.8
建筑材料	83.4	房地产	41.0	建筑材料	18.4	电气设备	29.4	休闲服务	115.2	有色金属	52.5
电子	66.6	钢铁	35.3	商业贸易	17.2	国防军工	26.1	钢铁	108.3	化工	39.2
化工	55.9	食品饮料	27.9	食品饮料	17.1	公用事业	25.7	电子	87.5	建筑材料	36.0
机械设备	47.8	休闲服务	19.5	房地产	16.5	机械设备	14.5	纺织服装	69.9	电子	33.8
休闲服务	43.1	家用电器	18.0	国防军工	16.4	食品饮料	12.6	电气设备	33.8	休闲服务	25.6
轻工制造	37.1	医药生物	16.6	建筑装饰	9.2	建筑装饰	10.4	总体	29.6	机械设备	22.3
总体	36.8	机械设备	15.9	家用电器	5.0	计算机	8.7	建筑装饰	16.9	食品饮料	21.3
交通运输	36.1	计算机	15.8	医药生物	3.6	医药生物	7.2	家用电器	15.4	通信	16.0
食品饮料	33.7	总体	15.7	轻工制造	3.2	汽车	3.3	食品饮料	15.1	总体	16.0
通信	27.2	建筑装饰	11.5	综合	2.1	钢铁	2.6	机械设备	14.7	电气设备	14.9
建筑装饰	23.7	公用事业	9.3	休闲服务	1.6	建筑材料	2.3	医药生物	13.6	建筑装饰	14.3
房地产	22.4	化工	6.0	交通运输	0.8	轻工制造	2.1	轻工制造	12.9	医药生物	11.9

续表

行业	2017年	行业	2018年	行业	2019年	行业	2020年	行业	2021年	行业	五年平均
医药生物	18.6	纺织服装	1.0	总体	0.1	总体	-2.4	通信	9.5	家用电器	10.2
商业贸易	16.7	商业贸易	-3.5	电子	-5.3	家用电器	-2.5	国防军工	8.9	轻工制造	10.0
家用电器	14.9	轻工制造	-5.1	计算机	-8.5	通信	-3.3	计算机	5.3	国防军工	8.5
计算机	13.1	国防军工	-5.6	纺织服装	-9.4	房地产	-3.3	建筑材料	-0.9	农林牧渔	8.1
纺织服装	12.3	交通运输	-6.0	通信	-9.7	传媒	-19.9	商业贸易	-4.8	房地产	8.0
电气设备	8.3	电子	-10.8	采掘	-15.4	化工	-20.8	汽车	-6.1	计算机	6.9
传媒	7.6	有色金属	-10.9	化工	-16.5	商业贸易	-24.5	传媒	-6.6	纺织服装	5.9
汽车	6.3	传媒	-15.2	传媒	-18.5	采掘	-37.5	综合	-7.4	商业贸易	0.2
国防军工	-3.3	农林牧渔	-17.6	有色金属	-29.3	纺织服装	-44.5	房地产	-36.8	传媒	-10.5
农林牧渔	-22.4	电气设备	-22.6	汽车	-29.7	休闲服务	-51.6	公用事业	-95.5	公用事业	-12.2
公用事业	-28.2	汽车	-35.8	钢铁	-50.3	交通运输	-66.4	农林牧渔	-131.8	汽车	-12.4

资料来源：笔者根据样本上市公司数据编制。

第四节　上市公司盈利能力变化状况

如图 2-8 所示，2017~2021 年，上市公司平均净资产收益率①为 8.8%，各年波动趋势与营业收入增速走势基本一致，2017 年净资产收益率为 9.7%，2020 年净资产收益率下降至最低点，为 8.3%，2021 年净资产收益率恢复到 8.8%。其中，2018 年与 2017 年相比下降明显，主要是 2018 年非经常性收益明显下降引起的。2017~2021 年，平均总资产报酬率为 4.1%，各年走势与净资产收益率基本一致，2017 年和 2018 年的总资产报酬率分别为 4.3%和 4.4%，2019 年总资产报酬率下降至 4.0%，2020 年总资产报酬率下降至最低点，为 3.6%，2021 年总资产报酬率回升至 4.2%。

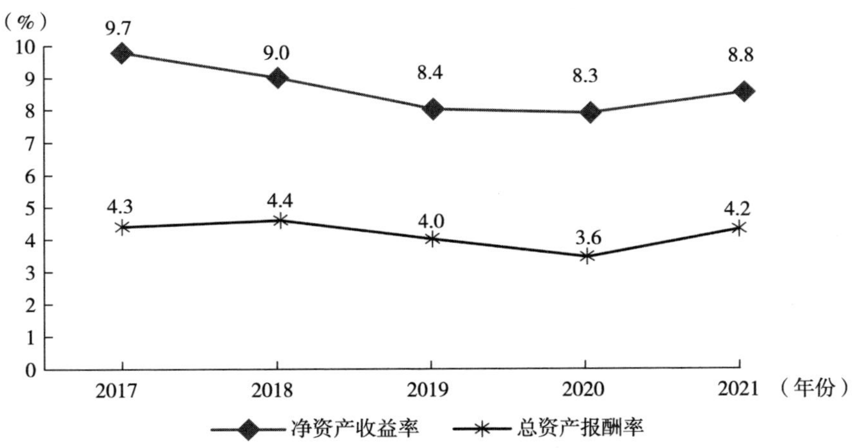

图 2-8　2017~2021 年上市公司主要盈利能力指标

资料来源：笔者根据样本上市公司数据绘制。

① 净资产收益率=净利润/平均净资产；总资产报酬率=核心利润/平均总资产，下同。

如表 2-20 所示，从周期性行业和非周期性行业来看，处于产业中上游的周期性行业盈利能力明显高于处于产业中下游的非周期性行业的盈利能力，2017~2021 年，周期性行业五年平均净资产收益率为 8.9%，周期性行业平均总资产报酬率为 5.3%；非周期性行业平均净资产收益率为 8.5%；非周期性行业平均总资产报酬率为 4.6%。非周期性行业盈利能力呈逐年下降态势。

表 2-20　2017~2021 年按照行业周期性划分的上市公司主要盈利能力指标

单位：%

指标	2017 年	2018 年	2019 年	2020 年	2021 年	五年平均
净资产收益率：						
周期性行业	9.0	9.7	6.2	6.3	13.1	8.9
非周期性行业	10.0	8.4	8.8	8.4	7.1	8.5
总资产报酬率：						
周期性行业	5.3	5.9	4.0	3.4	7.9	5.3
非周期性行业	4.7	4.7	4.8	4.5	4.1	4.6

资料来源：笔者根据样本上市公司数据编制。

如表 2-21 所示，分行业看 2017~2021 年的平均净资产收益率，排名靠前的行业有食品饮料、家用电器、建筑材料、房地产、钢铁、医药生物，这些行业的平均净资产收益率均高于 10%；排名较靠后的行业有传媒、综合、国防军工、通信，这些行业平均净资产收益率均低于 5%。

如表 2-22 所示，分行业看 2017~2021 年的平均总资产报酬率，排名靠前的行业有食品饮料、建筑材料、家用电器、医药生物、休闲服务，其平均总资产报酬率均超过了 6%；排名靠后的行业有综合、汽车、国防军工、公用事业、商业贸易、通信，其平均总资产报酬率均低于 3%。

表 2-21 2017~2021 年分行业上市公司净资产收益率

单位：%

行业	2017 年	行业	2018 年	行业	2019 年	行业	2020 年	行业	2021 年	行业	五年平均
家用电器	20.7	食品饮料	20.5	食品饮料	20.8	食品饮料	21.9	食品饮料	21.0	食品饮料	20.5
食品饮料	18.4	家用电器	17.5	家用电器	17.8	农林牧渔	20.9	家用电器	16.3	家用电器	17.8
钢铁	13.9	钢铁	16.1	农林牧渔	17.7	家用电器	16.6	化工	14.5	建筑材料	14.2
房地产	13.8	建筑材料	15.5	建筑材料	15.8	建筑材料	15.5	建筑材料	12.9	钢铁	11.6
汽车	13.2	房地产	14.7	房地产	14.1	房地产	11.3	有色金属	12.9	房地产	11.5
医药生物	12.1	休闲服务	11.2	建筑装饰	10.0	医药生物	10.6	钢铁	12.7	医药生物	10.5
轻工制造	11.2	建筑装饰	10.6	休闲服务	9.7	建筑装饰	9.3	采掘	12.2	建筑装饰	9.8
建筑材料	11.1	医药生物	10.1	医药生物	9.1	机械设备	8.3	电子	12.0	农林牧渔	9.7
建筑装饰	11.1	汽车	10.0	轻工制造	9.0	电气设备	8.2	医药生物	10.7	汽车	9.3
交通运输	10.8	化工	9.8	交通运输	8.1	轻工制造	7.9	交通运输	10.1	化工	9.2
农林牧渔	10.5	交通运输	9.3	汽车	8.0	公用事业	7.9	休闲服务	9.5	轻工制造	9.2
休闲服务	10.5	轻工制造	9.2	钢铁	7.8	汽车	7.7	轻工制造	8.6	交通运输	8.5
电子	9.7	农林牧渔	8.1	采掘	7.3	电子	7.7	建筑装饰	8.2	休闲服务	8.4
传媒	9.6	采掘	7.9	商业贸易	7.3	钢铁	7.3	机械设备	8.1	电子	8.2
化工	8.9	商业贸易	7.5	公用事业	6.7	化工	7.1	电气设备	7.9	采掘	7.7
纺织服装	8.8	公用事业	7.0	电气设备	6.1	商业贸易	6.0	汽车	7.4	有色金属	6.9
电气设备	8.1	电子	5.8	化工	5.9	采掘	5.5	商业贸易	4.7	电气设备	6.8
计算机	8.1	纺织服装	5.8	电子	5.7	有色金属	5.4	计算机	4.7	机械设备	6.7

续表

行业	2017年	行业	2018年	行业	2019年	行业	2020年	行业	2021年	行业	五年平均
有色金属	7.7	机械设备	5.3	机械设备	5.5	国防军工	4.7	传媒	4.7	商业贸易	6.6
商业贸易	7.6	有色金属	4.8	纺织服装	5.0	交通运输	4.3	纺织服装	4.4	公用事业	5.9
公用事业	7.1	综合	4.7	计算机	4.2	通信	3.9	国防军工	4.3	纺织服装	5.2
机械设备	6.5	计算机	4.4	通信	4.1	计算机	3.7	通信	4.1	计算机	5.0
采掘	5.7	电气设备	3.8	综合	4.0	综合	3.4	房地产	3.7	通信	3.8
通信	4.2	通信	2.9	有色金属	3.8	传媒	2.5	综合	1.6	国防军工	3.6
综合	3.8	国防军工	2.0	国防军工	3.5	纺织服装	2.0	公用事业	0.6	综合	3.5
国防军工	3.3	传媒	-1.9	传媒	0.7	休闲服务	1.1	农林牧渔	-8.9	传媒	3.1

资料来源：笔者根据样本上市公司数据编制。

表2-22　2017~2021年分行业上市公司总资产报酬率

单位：%

行业	2017年	行业	2018年	行业	2019年	行业	2020年	行业	2021年	行业	五年平均
食品饮料	14.8	食品饮料	16.7	食品饮料	17.4	食品饮料	17.5	食品饮料	17.5	食品饮料	16.8
家用电器	7.0	建筑材料	9.2	建筑材料	9.9	农林牧渔	11.5	采掘	8.8	建筑材料	8.6
医药生物	6.9	钢铁	7.3	农林牧渔	9.2	建筑材料	9.4	建筑材料	8.7	家用电器	6.6
休闲服务	6.4	休闲服务	7.2	休闲服务	7.0	医药生物	6.3	化工	8.2	医药生物	6.6
轻工制造	6.1	家用电器	7.1	家用电器	6.8	家用电器	6.0	有色金属	8.1	休闲服务	6.1
建筑材料	5.9	医药生物	6.9	医药生物	6.4	轻工制造	4.9	钢铁	6.7	采掘	5.8
化工	5.9	采掘	6.7	采掘	5.4	机械设备	4.0	医药生物	6.5	农林牧渔	5.5

续表

行业	2017年	行业	2018年	行业	2019年	行业	2020年	行业	2021年	行业	五年平均
纺织服装	5.9	化工	5.8	轻工制造	5.0	有色金属	3.7	休闲服务	6.4	化工	5.5
传媒	5.8	纺织服装	5.6	纺织服装	5.0	电子	3.7	家用电器	6.3	钢铁	5.3
农林牧渔	5.7	轻工制造	5.2	化工	4.5	电气设备	3.5	电子	5.9	轻工制造	5.3
钢铁	5.7	传媒	4.7	传媒	3.8	钢铁	3.4	轻工制造	5.2	纺织服装	4.8
电子	5.1	农林牧渔	4.2	机械设备	3.8	休闲服务	3.3	纺织服装	4.7	有色金属	4.7
有色金属	4.9	有色金属	4.0	钢铁	3.5	采掘	3.3	机械设备	4.2	电子	4.3
采掘	4.6	电子	3.8	房地产	3.5	化工	3.3	电气设备	4.2	传媒	4.0
交通运输	3.9	计算机	3.7	商业贸易	3.4	公用事业	3.3	交通运输	3.9	机械设备	3.7
电气设备	3.8	房地产	3.7	建筑装饰	3.3	建筑装饰	3.2	建筑装饰	3.4	电气设备	3.4
建筑装饰	3.5	建筑装饰	3.5	电子	3.2	计算机	3.2	计算机	3.1	建筑装饰	3.4
计算机	3.5	通信	3.5	计算机	3.1	传媒	3.0	通信	3.0	计算机	3.3
商业贸易	3.4	机械设备	3.4	通信	3.1	房地产	2.9	传媒	2.7	房地产	3.0
汽车	3.4	交通运输	3.3	电气设备	3.0	纺织服装	2.8	商业贸易	2.1	交通运输	3.0
房地产	3.3	商业贸易	3.1	交通运输	2.9	通信	2.8	国防军工	2.1	通信	2.9
机械设备	3.1	电气设备	2.6	公用事业	2.8	商业贸易	2.4	房地产	1.7	商业贸易	2.9
公用事业	2.3	公用事业	2.3	有色金属	2.6	国防军工	2.1	汽车	1.1	公用事业	2.2
通信	2.2	汽车	2.0	国防军工	1.7	汽车	1.3	综合	1.1	国防军工	1.8
国防军工	1.7	国防军工	1.5	汽车	1.3	综合	1.2	公用事业	0.1	汽车	1.8
综合	0.3	综合	0.9	综合	0.9	交通运输	0.9	农林牧渔	−2.9	综合	0.9

资料来源：笔者根据样本上市公司数据编制。

各行业的平均净资产收益率排名和平均总资产报酬率排名的差异主要与行业资产负债率差异及非核心利润差异较大有关。但总体来看，食品饮料、建筑材料、家用电器和医药生物四个行业盈利能力较强，通信、综合、国防军工行业的盈利能力较弱。处于中下游非周期性行业盈利能力分化较大，处于中上游的周期性行业盈利能力总体差异不大，总体处于中等偏上水平。

第五节　上市公司盈利能力变化原因

本书按照杜邦财务分析体系将总资产报酬率分解为资产周转率和销售利润（核心利润）率，从而分析上市公司盈利能力（投资回报率）变化的原因。

一、资产周转率

如图 2-9 所示，2017~2021 年，上市公司资产周转率的变化趋势大体呈先缓慢下降然后明显上升的不对称 V 形走势。2017~2018 年资产周转率缓慢上升，2019~2020 年资产周转率缓慢下降，然后在 2021 年出现明显上升。资产周转率和存货周转率高度正相关，资产周转率与固定资产周转率正相关，但相关度稍弱。与 2017 年相比，2021 年资产周转率从 0.658 次上升到 0.676 次，上升幅度为 2.7%（变化额/2017 年值，下同），其中：存货周转率从 2017 年的 2.807 次上升到 2021 年的 2.873 次，增加幅度为 2.4%，固定资产周转率从 2017 年的 1.028 次下降到 2021 年的 1.027 次，下降幅度仅为0.1%，应收账款周转率从2017年的6.479次上升到2021年的7.645次，上升幅度为18%。

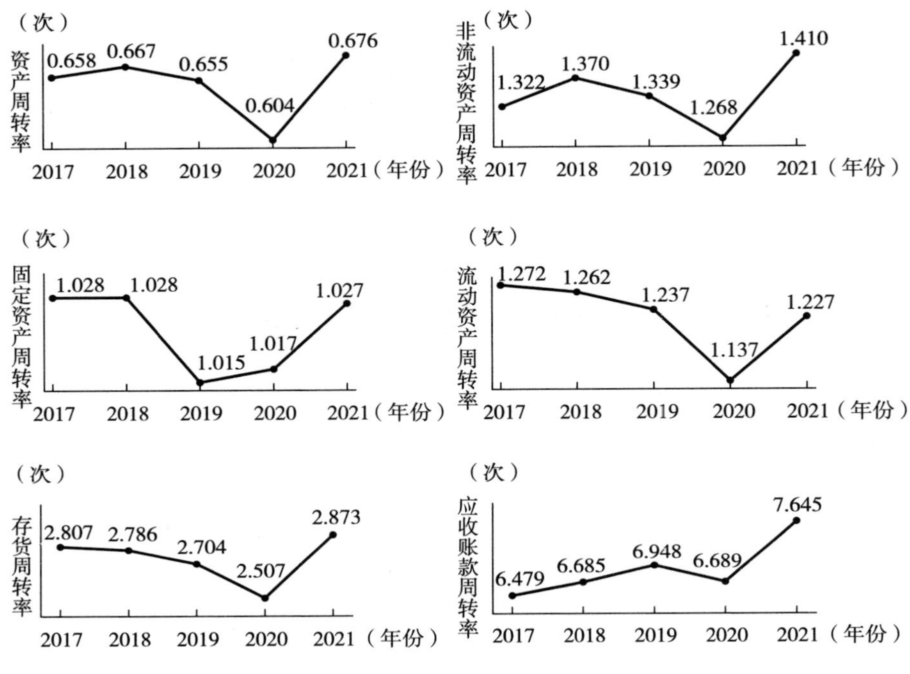

图2-9　2017~2021年上市公司主要资产周转率

资料来源：笔者根据样本上市公司数据绘制。

总体来看，2017~2021年，除2020年的资产周转率下降明显之外，其余年度之间的差异不大。此外，2017~2021年上市公司应收账款周转率除2020年呈下降趋势，其他年份呈逐年上升趋势，说明上市公司对外提供的商业信用融资逐年减少。其中表现比较明显的行业为农林牧渔、有色金属、钢铁、交通运输和建筑装饰五个行业。除农林牧渔外，其余四个行业以大型或超大型企业为主，这些大型企业对外提供商业信用融资的减少可能会加剧其下游行业资金紧张状况。

分行业来看，2017~2021 年，固定资产周转率上升趋势较为明显的行业有采掘，下降趋势较为明显的行业有汽车、纺织服装。但是家用电器行业固定资产周转率和存货周转率均处于上升态势，说明该行业资产周转率的下降主要是非经营性资产配置较多引起的。汽车和纺织服装虽然存货周转率变化不大，但固定资产周转率下降较为显著，说明这两个行业存在一定的产能过剩问题。另外值得说明的是备受关注的房地产行业，虽然 2021 年固定资产周转率和 2017 年相比有所下降，但存货周转率没有明显下降反而略有上升，且应收账款周转率下降明显，这说明对于多数大型开发商来说，其面临的主要问题是由于销售周期拉长回款较慢引起的资金紧张问题，而不是库存过多（特别是拿地过多）问题。这在一定程度上说明国家在 2017 年以来针对房地产行业出台的金融政策对房地产行业不计成本"乱拿地"现象起到了明显的抑制作用。

二、销售利润率

2017~2021 年，上市公司平均销售利润（核心利润）率为 6.3%，变化趋势和总资产报酬率变化基本一致（见图 2-10）。2017~2018 年销售利润（核心利润）率维持在 6.6%左右，2019 年下降到 6.1%，主要是由于当年大宗商品价格下降引起毛利率下降。2020 年销售利润（核心利润）率进一步下降为 5.9%，2021 年回升到 6.2%，2021 年的回升主要是税费占比减少引起的。与 2017 年相比，2021 年销售利润（核心利润）率下降幅度为 4.6%，毛利率下降幅度为 11.7%，销售及管理费用占比下降幅度为 12.1%，财务费用占比下降幅度为 21.4%。

分行业来看，2017~2021 年，食品饮料、建筑材料、房地产、休闲服务、医药生物行业的平均销售利润率较高，其中食品饮料呈逐年上升趋势，建筑材料和房地产行业的销售利润率整体呈波动下降趋势，医药生物的销售利润率基本保持不变；平均销售利润率较低的行业有国防军工、有色金属、交通运输、汽车、综合、商业贸易（见表2-23）。其中，有色金属行业销售利润率呈U形趋势，农林牧渔业受猪肉价格影响波动幅度较大。轻工制造、计算机、汽车、商业贸易与传媒行业的销售利润率总体处于下降趋势。家用电器、建筑装饰行业的销售利润率波动不明显。

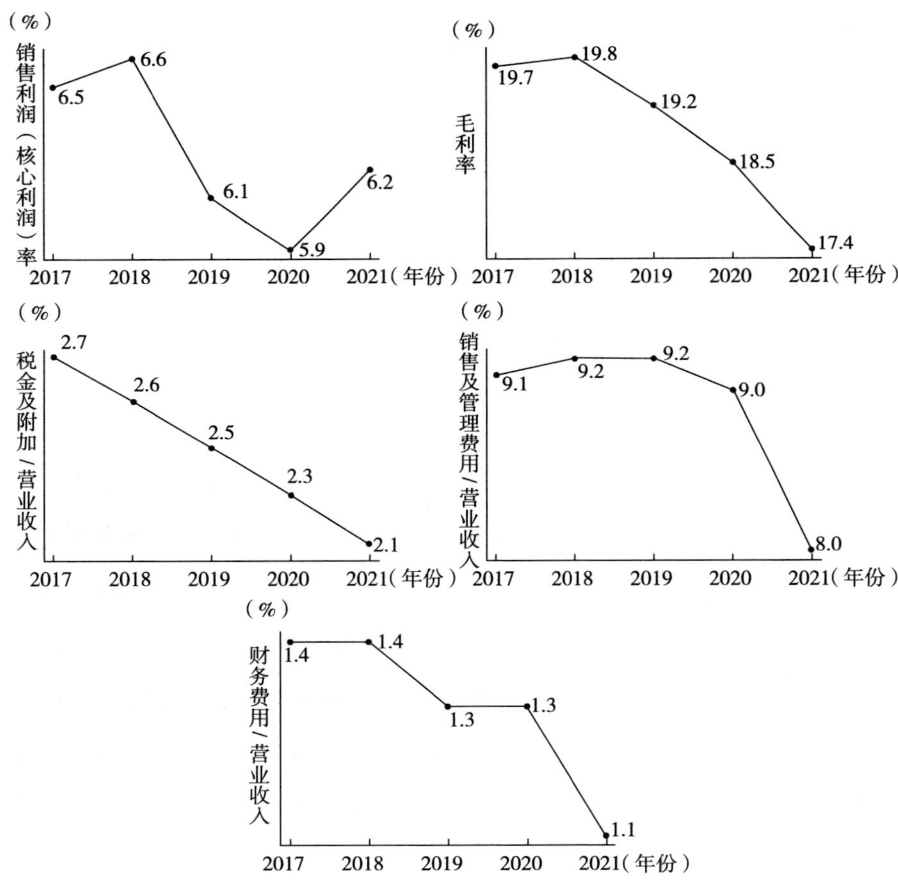

图2-10　2017~2021年上市公司销售利润率相关指标

资料来源：笔者根据样本上市公司数据编制。

表 2-23　2017~2021 年分行业上市公司销售利润率

单位：%

行业	2017 年	行业	2018 年	行业	2019 年	行业	2020 年	行业	2021 年	行业	五年平均
食品饮料	19.8	食品饮料	22.3	食品饮料	22.8	食品饮料	23.6	食品饮料	24.7	食品饮料	22.6
房地产	13.6	房地产	15.9	建筑材料	15.8	建筑材料	14.9	建筑材料	13.8	建筑材料	14.2
建筑材料	11.4	建筑材料	15.2	房地产	15.2	房地产	13.1	休闲服务	11.6	房地产	13.1
休闲服务	10.6	休闲服务	10.1	休闲服务	10.1	农林牧渔	12.0	采掘	10.3	休闲服务	9.8
传媒	10.0	医药生物	8.7	农林牧渔	9.6	公用事业	11.4	医药生物	8.5	医药生物	8.5
医药生物	8.9	采掘	8.7	公用事业	9.0	医药生物	8.3	电子	8.1	采掘	7.5
轻工制造	8.7	钢铁	8.2	医药生物	7.9	机械设备	7.1	房地产	7.6	公用事业	7.3
纺织服装	8.2	纺织服装	7.9	轻工制造	7.2	轻工制造	7.0	化工	7.6	轻工制造	7.3
公用事业	8.1	公用事业	7.8	纺织服装	7.2	休闲服务	6.7	纺织服装	7.4	纺织服装	7.1
电子	7.2	传媒	7.7	家用电器	7.0	家用电器	6.7	电气设备	7.1	家用电器	6.8
电气设备	7.1	轻工制造	7.3	采掘	6.9	电气设备	6.4	机械设备	6.8	传媒	6.8
钢铁	6.9	家用电器	7.0	机械设备	6.9	电子	5.8	家用电器	6.7	机械设备	6.7
采掘	6.8	机械设备	6.3	传媒	5.9	传媒	5.5	轻工制造	6.4	电子	6.3
家用电器	6.8	通信	5.7	电气设备	5.7	国防军工	5.2	有色金属	6.1	电气设备	6.3
机械设备	6.3	电子	5.5	通信	5.1	采掘	5.0	钢铁	5.9	钢铁	5.8
农林牧渔	6.0	计算机	5.4	电子	4.9	通信	4.8	国防军工	5.0	农林牧渔	5.8

续表

行业	2017 年	行业	2018 年	行业	2019 年	行业	2020 年	行业	2021 年	行业	五年平均
计算机	5.6	电气设备	5.0	计算机	4.6	纺织服装	4.7	传媒	4.8	化工	5.0
交通运输	5.3	建筑装饰	4.9	建筑装饰	4.6	计算机	4.7	通信	4.7	计算机	4.9
化工	5.2	化工	4.6	国防军工	4.1	建筑装饰	4.5	建筑装饰	4.6	通信	4.8
有色金属	5.0	农林牧渔	4.5	钢铁	4.0	钢铁	4.0	交通运输	4.5	建筑装饰	4.7
建筑装饰	4.9	交通运输	4.3	交通运输	3.9	化工	3.7	计算机	4.3	国防军工	4.4
国防军工	4.2	有色金属	4.1	化工	3.8	有色金属	3.5	综合	2.3	有色金属	4.3
通信	3.8	国防军工	3.6	有色金属	2.6	综合	2.7	汽车	1.4	交通运输	3.9
汽车	3.4	综合	2.1	商业贸易	2.4	商业贸易	1.7	商业贸易	1.3	汽车	2.0
商业贸易	2.3	汽车	2.1	综合	2.1	汽车	1.6	公用事业	0.4	综合	2.0
综合	0.8	商业贸易	2.1	汽车	1.5	交通运输	1.3	农林牧渔	-3.3	商业贸易	2.0

资料来源：笔者根据样本上市公司数据编制。

2017～2021 年，销售利润率波动下滑明显的行业有农林牧渔、公用事业、房地产、商业贸易，整体波动上升明显的行业有化工、采掘、有色金属以及休闲服务。

此外，从分行业税金及附加占比来看（见附表 2-9），2017～2021 年，采掘、食品饮料、房地产、化工四个行业的税负较重，每百元销售收入需要缴纳的税金及附加平均在 6 元以上，主要是这些行业除缴纳与增值税相关的城市维护建设税、教育费附加之外，还缴纳资源税、消费税、土地增值税、环境保护税等税。2017～2021 年，计算机、农林牧渔和交通运输的税负较轻，每百元营业收入需缴纳的税金及附加平均在 0.5 元以下。总体来说，行业之间税负差异显著①。

三、小结

2017～2021 年上市公司盈利能力变化和 GDP 增速变化基本一致。从分行业表现来看，中上游的周期性行业盈利能力总体处于中上游水平，而中下游行业盈利能力分化比较严重。

如表 2-24 所示，2017～2021 年，总资产报酬率和销售利润率相关系数为 0.93，其与资产周转率的相关系数为 0.90，说明上市公司盈利能力变化主要受销售利润率的影响，其次是受资产周转率影响。2017～2021 年销售利润率变化主要与大宗商品价格变化引起的毛利率变化及 2020 年以后财税金融优惠政策引起的税费比重减少有关。上市公司资产周转率、存货周转率与工业产能利用率高度相关，除 2020 年有所下降外，其余年度虽有变化（主要由周期性行业产品需求所致），但变化并不明显，说明 2017～2021 年上市公司总体产能利用率变化不大，这一点正好与上市公司固定资产增长总体较为缓慢有关。

① 利润表中税金及附加虽然不包括税收收入中占比最高的增值税，但是和增值税高度正相关。

表 2-24　2017~2021 年上市公司主要盈利能力指标相关系数

指标	工业产能利用率	资产周转率	固定资产周转率	流动资产周转率	存货周转率	总资产报酬率	销售利润率
工业产能利用率	1.00	0.96**	0.60	0.83	0.97**	0.82	0.58
资产周转率	0.96**	1.00	0.64	0.86	0.97**	0.90*	0.68
固定资产周转率	0.60	0.64	1.00	0.62	0.77	0.82	0.82
流动资产周转率	0.83	0.86	0.62	1.00	0.84	0.94*	0.87
存货周转率	0.97**	0.97**	0.77	0.84	1.00	0.90*	0.70
总资产报酬率	0.82	0.90*	0.82	0.94*	0.90*	1.00	0.93*
销售利润率	0.58	0.68	0.82	0.87	0.70	0.93*	1.00

注：**、*分别表示在5%、10%的水平上显著。
资料来源：笔者根据样本上市公司数据编制。

第六节　本章总结

2017~2021 年，上市公司总体营业收入平均增速为 12.9%，核心利润平均增速为 16.0%。盈利变化趋势和全国 GDP 增速与工业增加值增速高度正相关，呈不对称的 V 形走势。2017~2019 年盈利增速逐渐下滑，2020 年和 2021 年盈利增速平均值高于 2019 年的盈利增速值，但 2020 年和 2021 年 GDP 增速平均值低于 2019 年的 GDP 增速，这在一定程度上说明了 2021 年中国经济恢复主要与大中型企业盈利恢复有关。

分行业来看，2017~2021 年上市公司盈利增长的主要拉动因素是以采矿、原材料制造为主的中上游周期性行业（钢铁、有色金属、采掘和化工）。盈利增长较缓慢的行业主要是公用事业、汽车、传媒和商业贸易。这与政府对公用事业价格管制、新能源汽车之外的汽车市场需求萎缩、政府对传媒行业的规范及传统传媒行业创造力不足、民众线下消费乏力有关。其他如医药生物、机械制造、电气设备等行业盈利总体保持平稳。

2017~2021 年，分阶段来看，2019 年之前盈利增长较快的行业主要有房地产、建筑材料等，盈利增长具有明显的房地产产业链特征；2019 年之后，盈利增长较快的行业有食品饮料、化工等。

从投资回报率（盈利能力）来看，2017~2021 年，上市公司五年平均净资产收益率和 2021 年净资产收益率均为 8.8%，平均总资产报酬率为 4.1%，2021 年总资产报酬率为 4.2%。各年投资回报率走势和盈利增速基本一致。中上游周期性行业投资回报率处于中上水平，总体好于中下游非周期性行业。中下游行业投资回报率分化比较严重。

上市公司投资回报率的变化主要与大宗商品价格变化引起的毛利率变化和税费占比减少有关，还受资产周转率的影响。上市公司资产周转率、存货周转率与全社会工业产能利用率高度相关，除 2020 年有所下降外，资产周转率变化并不明显，在一定程度说明 2017~2021 年上市公司总体产能利用率变化不大。分行业来说，需要警惕传统汽车和纺织服装行业产能利用率明显下降问题。此外，需要关注 2021 年新能源投资剧增是否会产生新的产能过剩问题。对于上市房地产公司来说，要着重解决销售回款缓慢引起的资金问题，而不是库存占用问题。

国家一系列税收优惠和金融政策对于降低上市公司的成本有明显作用。2017~2021 年，上市公司税金及附加占营业收入比重由 2017 年的 2.7%逐年下降到 2021 年的 2.1%，其中 2020 年和 2021 年的下降幅度较大，财务费用占营业收入比重从 2017 年的 1.4%下降到 2021 年的 1.1%，其中 2021 年的下降幅度最大。财务费用占营业收入比重的下降除与利率下降有关外，还与上市公司债务融资收缩、周期性行业现金流较好、债券市场规模扩大及人民币贬值有关。

第三章

上市公司投资与融资状况

第一节　全社会投资和融资概况

一、全社会固定投资概况

2017~2021 年，全社会固定资产投资平均增速为 5.1%（见表 3-1），各年走势和 GDP 增速走势基本一致，大体逐年走低。全社会固定资产投资增速从 2017 年的 6.2%下降到 2020 年的 2.9%，2021 年虽然有所反弹，但是并未超过 2019 年的水平，反弹弱于 GDP 增速。

表 3-1　2017~2021 年全社会固定资产投资增速

单位：%

指标	2017 年	2018 年	2019 年	2020 年	2021 年	五年平均
全社会固定资产投资	6.2	5.9	5.4	2.9	4.9	5.1
其中：制造业投资	4.8	9.5	3.1	-2.2	13.5	5.7
基础设施投资	19.0	3.8	3.8	0.9	0.2	5.5
房地产开发投资	7.0	9.5	10.0	7.0	4.4	7.6

资料来源：根据 Wind 数据库的相关数据编制。

分类来看，2017~2021年，房地产开发投资平均增速最高，达到7.6%，但2019~2021年逐年走低，从2019年的10.0%逐年下降到2021年的4.4%；其次是制造业投资，制造业投资平均增速为5.7%，分年走势大体呈N形走势，增速最高点在2021年，相比其他两类投资，制造业投资在2021年恢复明显；基础设施投资平均增速最低，为5.5%，从2017年的19.0%下降到2021年的0.2%，经历了2018年和2020年两次断崖式下跌，2018年的大幅下降与国家的降杠杆政策有密切关系。以2019年为界，2019年之前，全社会固定资产投资增长可以靠三项投资支撑；2019年之后，主要靠制造业投资支撑全社会固定资产投资。

二、全社会融资概况

2017~2021年，社会融资规模存量平均增速为11.7%（见表3-2），高于全社会固定资产投资平均增速6.6%，大体呈先下降后上升再下降的走势，高点分别在2017年和2020年[①]，分别对应了2017~2021年经济增速最高和最低的年份，也对应全社会固定投资增速最高和最低的年份，2017年与2020年社会融资规模存量增速分别是14.1%和13.3%，其余年份社会融资规模存量增速都稍高于10%。社会融资规模存量增速走势和GDP增速及全社会固定资产投资增速走势在2017~2019年基本相同，在2020~2021年走势正好相反。

① 2020年社会融资规模存量平均增速较高的原因是国家为应对疫情出台了相对宽松的货币政策（见表2-18）。

表 3-2　2017~2021 年社会融资规模增速

单位：%

类型	2017 年	2018 年	2019 年	2020 年	2021 年	五年平均
社会融资规模存量	14.1	10.3	10.7	13.3	10.3	11.7
其中：各类贷款合计	13.0	9.3	10.0	11.1	9.3	10.5
企业债券	3.9	9.8	13.8	16.9	8.6	10.6
政府债券	24.7	17.2	14.3	22.1	15.2	18.7
非金融企业境内股票	15.2	5.4	5.0	12.1	14.7	10.5

注：各类贷款合计包括除债券和股票融资之外的所有融资类型，以人民币贷款为主，下表同。
资料来源：根据 Wind 数据库的相关数据编制。

分类来看，2017~2021 年，政府债券的平均增速最高，为 18.7%，各类贷款合计、企业债券和非金融企业境内股票融资的平均增速都在 10.5%左右。但是各类融资增速走势明显不同，各类贷款合计和政府债券的走势与社会融资规模存量的走势基本相同，增速较高的年份都是 2017 年和 2020 年。企业债券融资增速从 2017 年到 2020 年逐年走高，从 2017 年的 3.9%逐年上升到 2020 年的 16.9%，但在 2021 年出现明显下降，仅为 8.6%。非金融企业境内股票融资增速呈 U 形走势，从 2017 年的 15.2%下降到 2019 年的 5.0%然后上升，2020 年和 2021 年的增速分别为 12.1%和 14.7%。2021 年，除了非金融企业境内股票融资上升外，其他融资增速均呈下降态势。

从结构来看（见表 3-3），2017~2021 年，各类贷款合计的融资占比最高，后依次为政府债券、企业债券和非金融企业境内股票融资，2021 年四类融资占比分别为 66.5%、16.9%、9.5%和 3.0%。2021 年和 2017 年相比，各类贷款合计的融资占比约下降了 3%，政府债券融资占比约上升了 3%，企业债券和非金融企业境内股票融资占比基本保持不变。

表 3-3　社会融资构成

单位：%

类型	2017 年	2018 年	2019 年	2020 年	2021 年
社会融资规模存量	100.0	100.0	100.0	100.0	100.0
其中：各类贷款合计	69.9	69.2	68.6	67.1	66.5
企业债券	9.2	9.1	9.4	9.7	9.5
政府债券	13.7	14.5	15.0	16.2	16.9
非金融企业境内股票	3.2	3.1	2.9	2.9	3.0

资料来源：根据 Wind 数据库的相关数据编制。

第二节　上市公司投资及资产结构分析

一、上市公司投资状况

（一）上市公司固定资产投资分析

2017~2021 年，上市公司固定资产投资[①]平均增速为 9.8%，高于全社会固定资产投资增速。从各年的变化趋势来看，大体呈不对称的倒 V 形走势（见图 3-1），与营业收入增速的 V 形走势有明显差异，也与全社会固定资产投资增速和制造业固定资产投资增速走势有明显差异，差异主要发生在 2020 年和 2021 年。2020 年虽然上市公司固定资产投资的增速和其他指标一样有所下降，但 2021 年其并没有随宏观经济和其他指标一起上升，反而出现明显下降，这一点与房地产开发投资走势基本一致，反映了上市

① 用现金流量表中“构建固定资产、无形资产和其他长期资产支付的现金”代表，下同。

公司对于经济增长预期的转弱。

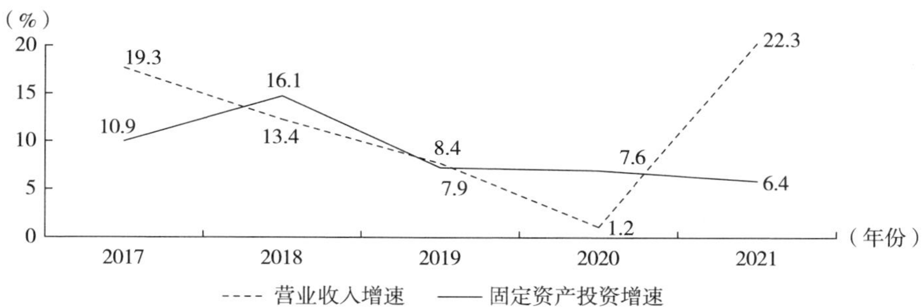

图 3-1　2017~2021 年上市公司固定资产投资增速

资料来源：笔者根据样本上市公司数据绘制。

将 2017~2021 年上市公司固定资产投资增速和主要宏观指标增速进行相关性分析（见表 3-4），可以发现，上市公司固定资产投资增速与营业收入增速没有显著相关关系，与主要宏观指标增速也没有显著的相关关系，这主要是由于在 2021 年宏观经济和盈利明显恢复的背景下上市公司固定资产投资增速没有出现反弹而是出现下降所引起的。

表 3-4　2017~2021 年上市公司固定资产投资增速和主要宏观指标增速的相关性分析

指标	存货投资	固定资产投资	营业收入	全社会固定资产投资	制造业投资	房地产开发投资	工业增加值	GDP
存货投资	1.000							
固定资产投资	0.142	1.000						
营业收入	0.969***	0.093	1.000					
全社会固定资产投资	0.723*	0.509	0.685	1.000				
制造业投资	0.718	0.201	0.851**	0.448	1.000			
房地产开发投资	-0.489	0.551	-0.481	0.227	-0.343	1.000		
工业增加值	0.802*	-0.067	0.923***	0.512	0.930***	-0.443	1.000	
GDP	0.828**	0.180	0.921***	0.751	0.889**	-0.177	0.944**	1.000

注：***、**、*分别表示在1%、5%、10%的水平上显著。

资料来源：笔者根据样本上市公司数据编制。

从2017~2021年上市公司固定资产投资增速同比上升和下降的行业数量来看（见表3-5），各年上升的行业数量在2018年和2021年较多，2020年上升行业的数量较少，这一特征和固定资产投资增速基本一致。

表3-5　2017~2021年上市公司固定资产投资增速同比上升和下降的行业数量

单位：个

同比变化方向	2017年	2018年	2019年	2020年	2021年
上升	18	22	18	13	22
下降	8	4	8	13	4

资料来源：笔者根据样本上市公司数据编制。

分具体行业来看（见表3-6），2017~2021年，固定资产投资平均增速较高的行业分别是农林牧渔、房地产、家用电器、化工、建筑材料，平均增速分别为42.0%、26.6%、21.7%、21.7%、21.3%。其中，农林牧渔业固定资产投资增速较高主要与2019~2020年猪肉价格上涨引起的生猪养殖产业链业绩大幅增长有关；2017年房地产行业固定资产投资增速最高，为62.1%，此后受国家政策及市场形势的影响逐年下滑，2021年房地产行业固定资产投资增速为-16.1%；家用电器行业固定资产投资增速在2018年达到最高，2019年呈下降趋势，2020~2021年受出口增长的影响逐步回升；化工行业固定资产投资增速在油价总体走高、国内外对化工产品总体需求维持高位的背景下，一直保持相对较高的增速；建筑材料行业固定资产投资增速在2018~2019年上升幅度较大，2020年受到疫情和房地产行业逐年下行影响，增速跌至-3.8%，但2021年又显著回升。

表 3-6　2017~2021 年分行业上市公司固定资产投资增速

单位:%

行业	2017 年	行业	2018 年	行业	2019 年	行业	2020 年	行业	2021 年	行业	五年平均
房地产	62.1	家用电器	50.3	建筑材料	63.5	农林牧渔	154.8	电气设备	44.1	农林牧渔	42.0
电子	40.3	房地产	43.4	食品饮料	58.0	建筑装饰	46.7	汽车	41.9	房地产	26.6
综合	37.1	化工	43.2	农林牧渔	47.5	综合	34.8	机械设备	40.4	家用电器	21.7
轻工制造	35.1	休闲服务	40.6	房地产	28.0	电子	20.0	建筑材料	34.6	化工	21.7
农林牧渔	34.6	有色金属	30.3	建筑装饰	23.5	公用事业	19.5	食品饮料	24.7	建筑材料	21.3
有色金属	31.6	机械设备	29.3	化工	20.7	钢铁	16.3	交通运输	24.5	综合	18.1
电气设备	28.0	医药生物	25.0	采掘	16.7	房地产	15.5	轻工制造	23.2	食品饮料	17.2
家用电器	24.0	电子	22.5	钢铁	11.8	轻工制造	9.8	商业贸易	20.7	电气设备	17.2
纺织服装	20.6	汽车	21.4	国防军工	11.8	家用电器	8.1	化工	20.2	有色金属	16.0
化工	19.0	轻工制造	20.8	有色金属	10.6	有色金属	6.6	家用电器	19.5	轻工制造	16.0
采掘	17.6	食品饮料	19.1	公用事业	9.5	化工	5.2	通信	19.4	电子	14.7
建筑装饰	16.7	建筑材料	18.8	休闲服务	7.6	电气设备	3.3	医药生物	18.2	建筑装饰	14.1
传媒	16.3	交通运输	17.7	家用电器	6.6	医药生物	1.2	综合	17.0	医药生物	13.1
医药生物	14.5	综合	17.0	医药生物	6.5	交通运输	-0.3	休闲服务	10.8	机械设备	12.0
汽车	12.2	钢铁	16.9	电气设备	6.0	计算机	-1.3	国防军工	10.5	钢铁	9.0
计算机	7.6	商业贸易	14.5	通信	1.4	建筑材料	-3.8	计算机	9.2	汽车	8.5

续表

行业	2017 年	行业	2018 年	行业	2019 年	行业	2020 年	行业	2021 年	行业	五年平均
商业贸易	4.8	采掘	14.0	机械设备	1.2	通信	-5.8	电子	8.7	采掘	7.4
食品饮料	0.5	计算机	13.0	计算机	0.8	机械设备	-6.8	纺织服装	7.2	计算机	5.9
公用事业	-1.5	建筑装饰	6.0	传媒	-0.7	传媒	-8.5	钢铁	6.6	休闲服务	5.4
交通运输	-1.7	国防军工	5.1	纺织服装	-3.3	国防军工	-10.5	采掘	4.0	交通运输	4.4
机械设备	-4.2	电气设备	4.6	汽车	-6.8	商业贸易	-14.0	传媒	2.4	公用事业	3.8
钢铁	-6.3	农林牧渔	2.8	轻工制造	-8.9	采掘	-15.5	有色金属	1.1	商业贸易	2.4
建筑材料	-6.7	公用事业	-2.7	商业贸易	-14.2	食品饮料	-16.2	公用事业	-5.8	国防军工	1.2
国防军工	-10.8	传媒	-6.9	综合	-15.2	休闲服务	-20.6	房地产	-16.1	传媒	0.5
休闲服务	-11.2	通信	-7.4	交通运输	-18.1	纺织服装	-23.8	建筑装饰	-22.4	纺织服装	-2.2
通信	-26.3	纺织服装	-11.6	电子	-18.1	汽车	-26.3	农林牧渔	-29.8	通信	-3.8

资料来源：笔者根据样本上市公司数据编制。

2017~2021 年，上市公司固定资产投资平均增速较低的行业分别是通信、纺织服装、传媒、国防军工和商业贸易，平均增速分别为-3.8%、-2.2%、0.5%、1.2%、2.4%。通信行业固定资产投资增速除 2019 年、2021 年为正增长之外，其余年份均为负增长。通信行业在经历移动通信发展的高潮之后，缺乏更加创新性的技术和应用场景，总体投资增长较低；纺织服装行业受产业向东盟国家转移的影响，固定资产投资增速在 2018~2020 年较低，2021 年有所恢复，但总体投资需求萎缩，因此投资维持了低增长甚至负增长；传媒行业受政策、缺乏高质量产品等因素影响收入增长缓慢，固定资产投资增速也较低；国防军工行业固定资产投资增速 2018~2019 年逐年攀升，增速由负转正，2020 年出现较大幅度下降，2021 年增速回升至 10.5%；商业贸易行业因线下消费乏力，固定资产投资增速起伏较大，整体较低，2021 年因经济恢复增速较高。

2021 年，固定资产投资增速较高的行业分别是电气设备、汽车、机械设备，三个行业固定资产投资增速均达到 40%以上，这与在国家“双碳”战略的背景下，新能源的开发或产品制造、新能源应用扩大、集装箱等交通运输设备需求旺盛有关；2021 年，固定资产投资增速较低的行业是农林牧渔、建筑装饰、房地产和公用事业，这四个行业的投资都出现了负增长。2021 年，农林牧渔行业固定资产投资增速下降与 2021 年猪肉价格出现大幅下降有关；公用事业行业固定资产投资增速下降与原材料成本大幅增加出现的盈利下滑严重有关；房地产行业和建筑装饰行业固定资产投资增速下降主要与房地产行业景气度下降有关。

（二）上市公司存货投资分析

2017~2021 年，上市公司存货投资平均增速约为 13.8%，略高于营业收入增速，这主要是由于 2017 年上市公司存货投资明显高于营业收入增速造成的，说明 2017 年上市公司对于经济增长预期尚未转弱。存货投资增速的各年走势和营业收入增速基本同步，数值也大体相近（见图 3-2）。通过相关性分析发现，存货投资增速与营业收入增速和宏观经济指标增速（GDP 增速、工业增加值增速、全社会固定资产投资增速）都有显著的正相关关系，相关系数都达到 0.7 以上，说明 2017~2021 年绝大多数企业根据经济和行业发展情况“以销定产”，并没有产生明显库存压力和存货资金占用。

图 3-2　2017~2021 年上市公司存货增速

资料来源：笔者根据样本上市公司数据绘制。

从存货投资增速同比上升和下降的行业数量来看，2019~2020 年存货投资增速同比下降的行业数量在 2019 年和 2020 年较多，其他年份都没有同比下降的行业（见表 3-7）。

表 3-7　2017~2021 年上市公司存货投资增速同比上升和下降的行业数量

单位：个

同比变化方向	2017 年	2018 年	2019 年	2020 年	2021 年
上升	26	26	22	19	26
下降	0	0	4	7	0

资料来源：笔者根据样本上市公司数据编制。

分具体行业来看，2017~2021 年，上市公司存货投资平均增速较高的行业分别是公用事业、交通运输、电子、钢铁、建筑材料，其平均增速分别为 23.2%、22.2%、19.6%、19.4%、19.2%（见附表 4-1）。公用事业行业存货投资增速较高主要是由于 2017 年和 2021 年电力供应紧张、原材料价格上涨造成的。交通运输行业和电子行业存货投资增速整体趋势相似，存货投资增速在 2017~2021 年呈 V 形走势，交通运输行业的存货投资增速变化趋势与对外贸易、线上消费景气度较高有关，电子行业的存货投资增速变化趋势与电子应用场景增加和出口保持较高增速有关；2017~2020 年钢铁行业存货投资增速持续下滑，2021 年大幅回升至 34.5%；建筑材料行业存货投资增速受房地产行业的影响，2017 年以来总体持续走低。

2017~2021 年存货投资平均增速较低的行业分别是汽车、纺织服装、通信、国防军工，平均增速分别为 1.8%、3.7%、4.8%、7.2%。汽车行业存货投资增速在 2017 年出现高峰之后，在 2018~2020 年出现断崖式下降，并在 2019~2020 年出现负增长，2021 年略有回升。汽车行业由成长期向成熟期过渡，整体呈现增速放缓、传统产能过剩的特点，但汽车行业迎来新能源化和智能化时代，行业整体有所复苏。纺织服装行业存货投资增速在 2017~2021 年呈 V 形走势，受外需减弱及贸易环境风险上升影响，我国纺织行业出口形势较为严峻，虽然 2021 年纺织服装行业存货投资增速恢复至 15.9%，但行业前景仍不容乐观。通信行业存货投资增速在 2017~2021 年一直低迷，行业发展的不确定性较大。

2021 年存货投资增速较高的行业是公用事业、交通运输、电子、钢铁、有色金属、轻工制造、化工，增速都在 30%以上；增速较低的行业是房地产、综合、建筑材料、食品饮料和通信，增速都在 10%以下。

二、上市公司资产结构分析

2017~2021年，实体经济因利润率下降、创新不足等问题发展频频受限。许多上市公司在趋利动机的驱使下，将大量资金从实体经济转向金融等对外投资领域，以应对经济下行、成本上涨等方面的影响。

总体来说，2017~2021年上市公司经营性资产占比①逐年下降，从2017年的69.1%下降到2021年的60.7%，下降了8.4%，而其他资产占比基本呈上升态势，从2017年的13.1%上升到2021年22.3%，金融性资产占比变化并不明显（见图3-3）。说明在经济下行背景下，上市公司将资源配置到经营性业务的比例相对下降，分配到对外投资等业务的比例相对上升。需要说明的是，尽管上市公司将资源配置到典型的金融性资产现象在2017~2021年表现并不明显，但考虑到其他资产主要组成——股权投资包括许多产业基金、风险投资基金和一些金融机构，尚不能说明上市公司资产金融化的倾向没有明显增加。

分行业来看，2017~2021年，就经营性资产而言，与2017年相比，2021年经营性资产占比基本保持不变的行业仅有计算机、农林牧渔、电子3个行业；其余23个行业的经营性资产占比出现了明显下降，其中下降幅度较大的行业有建筑装饰、建筑材料、交通运输、采掘、食品饮料，降幅高于13%（见附表4-2）。

2017~2021年，就金融性资产而言，与2017年相比，2021年金融性

---

① 经营性资产占比=(应收票据+应收账款+合同资产+预付款项+存货+固定资产+在建工程+工程物资+无形资产+开发支出+油气资产+生产性生物资产+固定资产清理+其他流动资产+递延税款借项)/资产总额;金融性资产占比=(货币资金+交易性金融资产+衍生金融资产+可供出售金融资产+持有至到期投资+发放贷款及垫款+投资性房地产)/总资产；其他资产占比=(总资产-经营性资产-金融性资产)/总资产。下同。

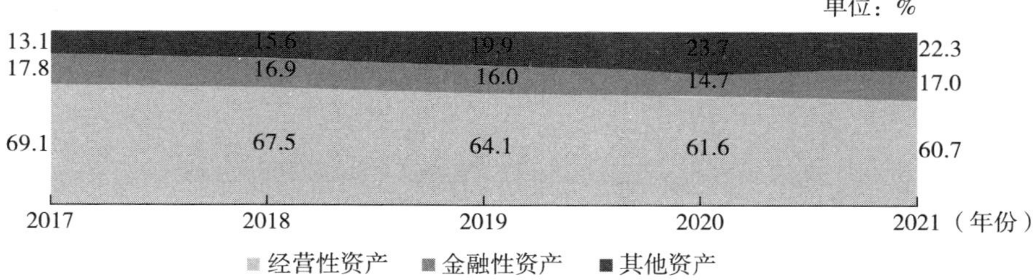

图 3-3　2017~2021 年上市公司资产结构

资料来源：笔者根据样本上市公司数据绘制。

资产占比上升的行业有 11 个，其中上升较为明显的是建筑材料、采掘、纺织服装、交通运输和通信；2021 年金融性资产占比不变或下降的行业有 16 个，下降较为明显的行业是休闲服务、建筑装饰、房地产和综合（见附表 4-3）。

就其他资产占比来说，与 2017 年相比，2021 年有 26 个行业占比出现上升，其中上升较为明显的行业是建筑装饰、食品饮料、商业贸易、家用电器（见附表 4-4）。建筑装饰行业占比上升显著主要与建筑装饰行业公司参与政府 PPP 项目投资有关。

第三节　上市公司融资及融资结构分析

一、上市公司融资状况

2017~2021 年，上市公司融资净现金流[①]规模累计为负（见表 3-8），

① 即表 3-8 中的“筹资活动净现金流”。

说明上市公司整体融资需求不足，金融性资金对外处于融出而不是融入状况。分年来看，仅 2017 年和 2020 年融资净现金流增速为正（见表 3-9），同比上升的行业数量也较多（见表 3-10），其余年份上市公司融资净现金流增速均为负，同比下降的行业数量也较多，特别是在经济明显反弹的 2021 年，融资净现金流增速为负，且下降幅度较大。

表 3-8　2017~2021 年上市公司各类现金流规模

单位：千亿元

现金流分类	2017 年	2018 年	2019 年	2020 年	2021 年	五年累计
经营活动净现金流	24.2	29.8	34.4	37.4	41.0	166.8
投资活动净现金流	-26.1	-26.4	-26.5	-27.0	-28.7	-134.7
筹资活动净现金流	7.2	-1.6	-5.8	0.6	-5.0	-4.6
净现金流合计	11.7	9.6	5.6	8.9	6.7	42.5

资料来源：笔者根据样本上市公司数据编制。

表 3-9　2017~2021 年上市公司各类现金流增速

单位：%

现金流分类	2017 年	2018 年	2019 年	2020 年	2021 年
经营活动净现金流	-9.0	22.9	15.4	8.8	9.7
投资活动净现金流	3.8	1.1	0.4	1.9	6.3
筹资活动净现金流	8.3	-122.2	-262.5	110.3	-933.3

资料来源：笔者根据样本上市公司数据编制。

表 3-10　2017~2021 年融资净现金流同比上升和下降的行业数量

单位：个

同比变化方向	2017 年	2018 年	2019 年	2020 年	2021 年
上升	10	1	8	17	9
下降	16	25	18	9	17

资料来源：笔者根据样本上市公司数据编制。

上市公司融资净现金流规模之所以在 2017~2021 年累计为负且外部融资意愿不强，其原因包括：①资金需求减少。2017~2021 年，上市公司固定资产投资平均增速为 9.8%，明显低于营业收入平均增速，且在 2017~2020 年呈逐年下降态势，投资活动净现金流规模变化也不大。② 经营活动净现金流状况较好，能够总体覆盖投资活动现金净流出。分年来看，除 2017 年之外，其余年份经营活动净现金流完全可以覆盖当期投资活动净现金流出。经营活动净现金流较好的原因：一是上市公司除 2017 年之外存货投资和营业收入基本同步，存货投资占经营资金比例较低；二是上市公司商业信用融资增加明显，对外提供的净商业信用融资减少。

进一步分析上市公司融资净现金流构成（见表 3-11），可以发现，2017~2021 年，上市公司净债务融资现金流①规模虽然每年为正，但是整体处于下降态势，而权益融资现金流②规模则总体呈上升态势，五年累计权益融资现金流规模超过净债务融资现金流规模将近一倍。支付利息和股利现金流③规模也在逐步增加，在净债务融资规模减少和利率降低情况下，说明上市公司分红在逐年增加。此外，上市公司其他融资现金流④规模也整体处于净融出状况，2017 年之后，流出规模明显增加，这与上市因股权激励或股价下降而出现股权回购金额增加有关。上市公司融资净现金流和净债务融资现金流增速走势（见表 3-12）和社会融资规模增速走势大体同步，都在 2017 年和 2020 年同比明显增加，其余年份总体在降低。

---

① 净债务融资现金流=取得借款收到的现金+发行债券收到的现金-偿还债务支付的现金。下同。

② 权益融资现金流=吸收投资收到的现金。下同。

③ 支付利息和股利的现金流=分配股利利润或支付利息所支付的现金。下同。

④ 其他融资现金流=融资活动净现金流-吸收投资收到的现金-取得借款收到的现金-发行债券收到的现金+偿还债务支付的现金+分配股利利润或支付利息所支付的现金。下同。

表 3-11　2017~2021 年上市公司分类融资净现金流规模

单位：千亿元

分类	2017 年	2018 年	2019 年	2020 年	2021 年	五年累计
净债务融资现金流	11.7	9.6	5.6	8.9	6.7	42.5
权益融资现金流	14.5	14.3	13.2	18.1	18.7	78.8
支付利息和股利现金流	-12.5	-14.7	-15.6	-15.9	-17.3	-76.0
其他融资净现金流	-6.5	-10.7	-8.9	-10.4	-13.1	-49.6

资料来源：笔者根据样本上市公司数据编制。

表 3-12　2017~2021 年上市公司分类融资净现金流增速

单位：%

分类	2017 年	2018 年	2019 年	2020 年	2021 年
净债务融资现金流	54.2	-18.0	-41.8	59.7	-24.7
权益融资现金流	-30.6	-1.1	-8.0	36.9	3.3
支付利息和股利现金流	21.1	18.0	6.2	1.9	8.4
其他融资现金流	37.0	-65.2	16.7	-16.5	-26.3

资料来源：笔者根据样本上市公司数据编制。

将上市公司融资净现金流增速、固定资产投资增速和社会融资规模增速进行相关性分析（见表 3-13），可以发现，上市公司融资净现金流增速和全社会人民币贷款增速呈显著的正相关关系，净债务融资增速和社会融资规模增速呈显著的正相关关系。

表 3-13　2017~2021 年上市公司融资指标增速相关系数

指标	经营活动净现金流增速	投资活动净现金流增速	筹资活动净现金流增速	净债务融资增速	社会融资规模增速	全社会人民币贷款增速	上市公司固定资产投资增速	上市公司存货投资增速
经营活动净现金流增速	1.000							

续表

指标	经营活动净现金流增速	投资活动净现金流增速	筹资活动净现金流增速	净债务融资增速	社会融资规模增速	全社会人民币贷款增速	上市公司固定资产投资增速	上市公司存货投资增速
投资活动净现金流增速	0.491	1.000						
筹资活动净现金流增速	-0.176	-0.767	1.000					
净债务融资增速	-0.687	-0.473	0.651	1.000				
社会融资规模增速	-0.570	-0.324	0.606	0.878**	1.000			
全社会人民币贷款增速	-0.131	-0.775	0.969***	0.614	0.458	1.000		
上市公司固定资产投资增速	0.297	-0.436	0.409	-0.033	-0.389	0.608	1.000	
上市公司存货投资增速	-0.503	-0.076	-0.458	-0.026	-0.371	-0.312	0.142	1.000

注：***、**、*分别表示在1%、5%、10%的水平上显著。

资料来源：笔者根据样本上市公司数据编制。

分行业看融资净现金流（见附表4-6），2017~2021年融资净现金流规模五年累计为正的行业只有8个，五年累计为负的行业有18个，其中五年累计资金净融入规模较大的行业有建筑装饰、房地产、电子、电气设备、农林牧渔，这与这些行业营业收入增速较快、固定资产投资或存货投资保持高增长有关；五年累计资金净融出规模较大的行业是采掘、钢铁、食品饮料、化工、家用电器，这与这些行业经营现金流良好、投资增速较低有关。2021年，融资净现金流为正且规模较大的行业是建筑装饰、公用事业、农林牧渔、电子、电气设备。融资净现金流规模为负且规模较大的行业是房地产、采掘、钢铁、家用电器、食品饮料。

分行业看净债务融资现金流（见附表4-7），2017~2021年，净债务融资现金流规模五年累计为正的行业有20个，五年累计为负的行业有6个。如表3-14所示，净债务融资同比增加的行业数量在2017年和2020年较多，其余年度同比增加的行业数量较少。2017年净债务融资同比增加行业数量为17个，从2018年开始出现断崖式下降，下降至2019年的9个，2020年又增加到16个，但2021年又下降至12个。2018~2019年净债务融资同比下降的行业数量增加，与国家的“去产能”和“去杠杆”政策有关。

表3-14　2017~2021年净债务融资同比上升和下降的行业数量

单位：个

同比变化方向	2017年	2018年	2019年	2020年	2021年
上升	17	10	9	16	12
下降	9	16	17	10	14

资料来源：笔者根据样本上市公司数据编制。

2017~2021年，在净债务融资现金流规模累计为正的行业中，融入规模较大的是房地产、建筑装饰、公用事业、电子、化工，累计规模占比最高的行业是房地产，占比为29.4%，其次是建筑装饰行业，占比为20.5%，两个行业净债务融资合计占上市公司比例的近50%（见图3-4）。由于国家为防止房地产行业风险扩大采取了一系列严监管金融政策，房地产行业净债务融资现金流规模逐年减少，在2021年为负；建筑装饰行业净债务融资现金流规模总体不断增加；公用事业净债务融资现金流规模则呈U形趋势，2007年和2021年净债务融资现金流规模较大，2019年净债务融资现金流规模最小；电子行业净债务融资现金流规模大体逐年减少，化工行业净债务融资现金流规模逐年增加。2017~2021年净债务融资现金流规模累计为负的6个行业中（见附表4-7），采掘、通信和钢铁三个行业净债务融出较多。

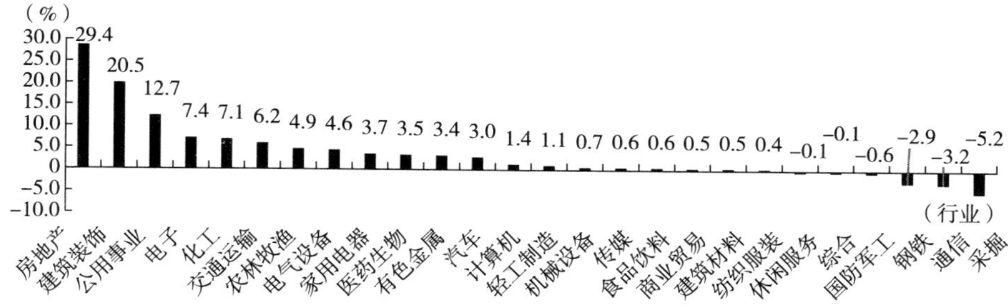

图 3-4　2017~2021 年上市公司累计净债务融资分行业占比

资料来源：笔者根据样本上市公司数据绘制。

房地产业净债务融资变化与国家为治理房地产领域金融风险采取的一系列政策有密切关系，如 2017 年 4 月中国银行业监督管理委员会发布的《关于提升银行业服务实体经济质效的指导意见》和 2018 年 1 月中国银行业监督管理委员会发布的《关于进一步深化整治银行业市场乱象的通知》。

二、上市公司融资结构状况

（一）债务率状况

如表 3-15 所示，2017~2021 年，上市公司资产负债率整体呈小幅递增趋势，2021 年达到 61.2%，比 2017 年增加 1.2%。但是，有息负债率呈逐年下降态势，2021 年有息负债率为 23.1%，比 2017 年下降了 3.4%，说明上市公司负债的增加主要是由于商业性负债增加所致。资产负债率和有息负债率的反向变化，说明上市公司财务风险没有增加，甚至有下降趋势。

表 3-15　2017~2021 年上市公司资产负债率

单位：%

指标	2017 年	2018 年	2019 年	2020 年	2021 年	两年差值[①]
资产负债率	60.0	60.7	61.2	61.1	61.2	1.2
有息负债率	26.5	26.1	25.0	24.2	23.1	-3.4

资料来源：笔者根据样本上市公司数据编制。

如表 3-16 所示，分行业来看，与 2017 年相比，2021 年的资产负债率上升的行业有 16 个，下降的行业有 10 个。2021 年资产负债率上升较多的行业有农林牧渔、商业贸易、计算机、交通运输、传媒，分别增加了 16.1%、5.8%、4.2%、3.4%、3.2%，2021 年资产负债率下较最多的行业包括有色金属、建筑装饰、电子、钢铁、建筑材料，分别下降了 2.5%、2.8%、3.3%、6.4%和 8.2%。2021 年，资产负债率较高的行业是房地产、建筑装饰和商业贸易，其中房地产和商业贸易行业的资产负债率处于上升状态，建筑装饰行业资产负债率处于下降状态。

表 3-16　2017~2021 年分行业上市公司资产负债率分析

单位：%

行业	资产负债率		两年差值
	2017 年	2021 年	
农林牧渔	42.8	58.9	16.1
商业贸易	59.0	64.8	5.8
计算机	42.8	47.0	4.2
交通运输	57.0	60.4	3.4
传媒	35.1	38.3	3.2
休闲服务	47.1	50.2	3.1
化工	49.9	52.1	2.2

① “两年差值”指 2021 年的数值与 2017 年的数值之差，下同。

续表

行业	资产负债率		两年差值
	2017 年	2021 年	
机械设备	54.0	55.7	1.7
纺织服装	40.9	42.6	1.7
医药生物	42.5	43.7	1.2
轻工制造	50.2	51.2	1.0
国防军工	50.8	51.3	0.5
房地产	78.8	79.2	0.4
电气设备	55.7	55.9	0.2
汽车	59.4	59.6	0.2
食品饮料	34.2	34.4	0.2
家用电器	63.0	62.8	-0.2
公用事业	64.2	64.0	-0.2
采掘	47.3	47.1	-0.2
综合	58.8	57.8	-1.0
通信	48.7	47.4	-1.3
有色金属	54.9	52.4	-2.5
建筑装饰	76.4	73.6	-2.8
电子	54.7	51.4	-3.3
钢铁	62.0	55.6	-6.4
建筑材料	53.6	45.4	-8.2

资料来源：笔者根据样本上市公司数据编制。

如表 3-17 所示，与 2017 年相比，2021 年有息负债率上升的行业仅有 2 个，下降的行业有 23 个。2021 年有息负债率上升的行业是农林牧渔、纺织服装，增长幅度分别为 9.1%、1.0%，2021 年有息负债率下降较为明显的行业是交通运输、建筑材料、钢铁、综合、国防军工，都下降了 8%以上。2021 年有息负债率较高的行业是公用事业、农林牧渔和有色金属，都在30%以上水平，但其中只有农林牧渔行业的有息负债率出现了明显上升，其余两个行业的有息负债率处于下降态势。

表3-17　2017~2021年分行业上市公司有息负债率分析

单位：%

行业	有息负债率		两年差值
	2017年	2021年	
交通运输	37.4	27.6	-9.8
建筑材料	30.1	21.3	-8.8
钢铁	30.4	21.7	-8.7
综合	39.4	31.2	-8.2
国防军工	17.4	9.3	-8.1
房地产	31.5	24.6	-6.9
休闲服务	25.4	18.6	-6.8
采掘	22.9	18.0	-4.9
机械设备	20.6	16.0	-4.6
有色金属	36.3	31.7	-4.6
公用事业	50.1	47.3	-2.8
电子	27.2	24.6	-2.6
通信	12.7	10.3	-2.4
汽车	15.7	13.6	-2.1
轻工制造	30.3	28.7	-1.6
家用电器	15.4	13.8	-1.6
计算机	15.7	14.2	-1.5
电气设备	19.2	18.0	-1.2
食品饮料	7.3	6.1	-1.2
商业贸易	18.5	17.5	-1.0
传媒	11.6	10.6	-1.0
化工	21.6	20.7	-0.9

续表

行业	有息负债率		两年差值
	2017 年	2021 年	
医药生物	16.8	16.4	-0.4
建筑装饰	23.6	23.6	0.0
纺织服装	18.5	19.5	1.0
农林牧渔	24.2	33.3	9.1

资料来源：笔者根据样本上市公司数据编制。

（二）债务结构状况

如表 3-18 和表 3-19 所示，2017～2021 年，上市公司负债中有息负债占比逐年维持下降态势，与有息负债率的变化方向一致，有息负债占比从 2017 年的 44.1%逐年下降到 2021 年的 37.7%，下降了 6.4%，其他负债占比整体呈上升态势。在有息负债中，长期有息负债占比整体呈上升趋势，从 2007 年的 55.5%上升到 2021 年的 58.6%，上升了 3.1%。有息负债占比和有息负债率呈下降趋势说明上市公司对上游企业的其他债务（商业信用融资）上升，占有上游企业商业信用融资增加。上市公司应付账款周转天数从 2017 年的 26 天增加到 2021 年的 43 天，增加了 17 天，说明上市公司总体应付账款融资增加较为明显。但应收账款周转天数却从 2017 年的 56 天减少到 2021 年的 48 天，减少了 8 天，说明上市公司总体对下游企业提供商业信用融资减少。将各年份的应收账款周转天数减去应付账款周转天数，可以看出，上市公司对外净商业信用融资提供天数从 2017 年的 30 天下降到 2021 年的 5 天，减少了 25 天。这一情况也解释了上市公司经营现金流好于盈利增长情况的现象。但是，上市公司对上下游客户商业信用融资减少，会加大上下游客户对银行贷款的需求，在一定程度上佐证了上市公司净债务融资减少而社会融资中贷款规模逐年增长的现象。

表 3-18　2017~2021 年上市公司负债结构

单位：%

分类	2017 年	2018 年	2019 年	2020 年	2021 年	两年差值
负债总额：	100.0	100.0	100.0	100.0	100.0	0
有息负债占比	44.1	43.0	40.9	39.6	37.7	-6.4
其他负债占比	55.9	57.0	59.1	60.4	62.3	6.4
有息负债：	100.0	100.0	100.0	100.0	100.0	0
短期有息负债占比	44.5	44.1	44.7	41.8	41.4	-3.1
长期有息负债占比	55.5	55.9	55.3	58.2	58.6	3.1

资料来源：笔者根据样本上市公司数据编制。

表 3-19　2017~2021 年上市公司应收账款和应付账款周转率

单位：天

指标	2017 年	2018 年	2021 年	2020 年	2021 年	两年差值
应付账款周转天数	26	30	32	45	43	17
应收账款周转天数	56	55	53	55	48	-8
净商业信用融资提供天数	30	25	21	10	5	-25

资料来源：笔者根据样本上市公司数据编制。

分行业来说（见附表 4-10），与 2017 年相比，2021 年有息负债占比上升的行业仅有 3 个，有息负债占比下降的行业有 23 个。2021 年有息负债比上升的行业是建筑装饰、纺织服装、农林牧渔，分别增长了 1.2%、0.4%、0.1%，负增长超过 10%的行业是钢铁、采掘、综合、国防军工、休闲服务、交通运输。

与 2017 年相比，2021 年长期有息负债占比上升的行业有 15 个，下降的行业有 11 个（见附表 4-11）。2021 年长期有息负债占比上升超过 10%的行业是农林牧渔、通信、食品饮料，2021 年长期有息负债占比下降超过 10%的行业是综合、家用电器、休闲服务。

与2017年相比，2021年净商业信用融资提供天数增加的行业仅有3个，减少的行业有23个（见附表4-14）。2021年净商业信用融资提供天数增加的行业是公用事业、医药生物和纺织服装，其中公用事业的净商业信用融资提供天数增加了12天，公用事业的净商业信用融资提供天数的增加主要与各地出台的公用事业费用延缓缴纳政策有关，也与上游能源材料供应紧张和价格上涨有关。医药生物和纺织服装行业主要与用户特性（医院）、需求低迷、竞争激烈有关。2021年净商业信用融资提供天数减少超过30天的行业有房地产、建筑装饰、机械设备、电气设备。房地产行业主要是受资金需求增加和国家对房地产业融资限制政策影响，房地产行业的应付账款周转天数从2017年的14天上升到2021年的56天（见附表4-12）。建筑装饰行业2021年的净商业信用融资提供天数减少与下游房地产付款速度变慢和上游需求减弱、竞争加剧有关，机械设备和电气设备行业2021年的净商业信用融资提供天数减少主要与行业景气度升高为上下游客户谈判带来的竞争力增加有关。

第四节　本章总结

（1）固定资产投资。2017~2021年，上市公司固定资产平均投资增速为9.8%，高于全社会固定资产投资增速，2017~2020年整体呈下降趋势，但在2021年大幅上升，这与全社会固定资产投资增速和营业收入增速走势有明显差异，反映了上市公司2021年对经济增长预期的转弱。分行业来看，2017~2021年，固定资产投资平均增速较高的行业是农林牧渔、房地产、家用电器、化工、建筑材料，在这些投资高增长的行业中，除农林牧渔与2019~2020年猪肉价格大涨有关外，其余行业均与房地产相关产业链有关。2017~2021年，固定资产投资平均增速较低的行业分别是通信、纺织服装、传媒、国防军工、商业贸易，与这些行业发展高潮已过、新产品创新不足、市场空间相对有限有关。2021年，受到“双碳”战略背景下新能源产业链产品内需与外需增加的影响，电气设备、汽车和机械设备三个行业固定资产投资增速较高；固定资产投资增速下降幅度较大的行业是农林牧渔、建筑装饰、房地产、公用事业，这四个行业盈利都出现了明显下滑。

（2）存货投资。2017~2021年，上市公司存货投资平均增速为13.8%，走势和营业收入增速基本一致。存货投资增速与营业收入增速和宏观经济指标增速有显著的正相关关系，这说明2017~2021年大多数企业根据经济和行业发展情况“以销定产”，并没有产生明显库存压力和存货资金占用。

（3）资产结构。2017~2021年，上市公司经营性资产占比逐年下降，2021年的经营性资产占比比2017年下降了8.4%，其他资产占比逐年上升。说明在经济下行的背景下，上市公司将资源配置到经营性业务的比例相对下降。分行业来看，和2017年相比，2021年经营性资产占比基本保持不变的行业有计算机、农林牧渔、电子3个行业；其余23个行业经营性资产占比都出现了下降，其中降幅较大的行业是建筑装饰、建筑材料、交通运输。

（4）融资现金流。2017~2021年，上市公司融资净现金流规模仅2017年和2020年为正。特别是在经济明显恢复的2021年，融资净现金流出规模最大。上市公司对外金融性融资意愿不强主要与投资增速较低、商业性融资增加、经营现金流状况良好有关。就融资现金流构成来看，2017~2021年，净债务融资规模整体处于下降态势，权益融资规模整体处于上升态势，五年累计权益融资规模超过净债务融资规模将近一倍。上市公司融资净现金流和净债务融资现金流增速走势与社会融资规模增速走势大体同步。

分具体行业看，2017~2021 年，融资净现金流规模五年累计为正的行业只有 8 个，五年累计为负的行业有 18 个。累计资金净融入规模较大的行业有建筑装饰、房地产、电子、电气设备、农林牧渔，这与这些行业营业收入增速较快，固定资产投资总体高增长有关。其中，建筑装饰、房地产两个行业五年累计净债务融资规模占样本上市公司总体累计净债务融资规模的近 50%；五年累计净融出资金较多的行业是采掘、通信、钢铁，这与这些行业经营现金流良好有关。

（5）债务结构。2021 年底上市公司资产负债率为 61.2%，和 2017 年相比略有上升，但有息负债率呈逐年下降态势。这一现象说明上市公司总体财务风险在 2017~2021 年变化不大。分行业来看，2021 年资产负债率上升的行业有 16 个，下降的行业有 10 个，但有息负债率上升的行业仅有 2 个，下降的行业有 23 个。2021 年资产负债率处于高位且有上升态势的行业主要是房地产和商业贸易，这两个行业的公司需要警惕财务风险。在有息负债中，长期有息负债占比整体呈上升趋势。

2021 年上市公司对外净商业信用融资提供天数比 2017 年减少了 25 天，上市公司对外提供的商业信用融资减少，从外部融入商业信用融资大幅度上升。分行业来看，2017~2021 年，上市公司净商业信用融资提供天数增加的行业仅有 3 个，减少的行业有 23 个。商业信用融资提供天数增加的行业是公用事业、医药生物和纺织服装，减少超过 30 天的行业有房地产、建筑装饰、机械设备、电气设备。各行业的净商业信用融资提供天数变化与各行业的经济景气度和国家政策等因素有关。

第四章

从控股属性分析上市公司盈利、投资、融资状况

第一节　从控股属性分析全社会工业企业的盈利状况

如表 4-1 和表 4-2 所示，根据国家统计局各年发布的国民经济和社会发展统计公报，2007～2021 年，分经济类型来看工业企业的增加值平均增速，其中股份制企业和私营企业的增加值平均增速较高，在 6.6%以上，国有控股企业的增加值平均增速为 5.5%，外商投资企业的增加值平均增速为 5.0%；国有控股企业的净利润平均增速表现最佳，达到 19.8%，股份制企业、私营企业、外商投资企业的净利润平均增速分别为 15.7%、11.3%、8.4%。

表 4-1　2017～2021 年不同经济类型的全社会工业企业的增加值增速

单位:%

经济类型	2017 年	2018 年	2019 年	2020 年	2021 年	五年平均
国有控股企业	6.5	6.2	4.8	2.2	8.0	5.5
股份制企业	6.6	6.6	6.8	3.0	9.8	6.6
外商投资企业	6.9	4.8	2.0	2.4	8.9	5.0
私营企业	5.9	6.2	7.7	3.7	10.2	6.7

资料来源：根据国家统计局公布的相关数据整理得到。

表 4-2　2017~2021 年不同经济类型的全社会工业企业的净利润增速

单位：%

经济类型	2017 年	2018 年	2019 年	2020 年	2021 年	五年平均
国有控股企业	45. 1	12. 6	-12. 0	-2. 9	56. 0	19. 8
股份制企业	23. 5	14. 4	-2. 9	3. 4	40. 2	15. 7
外商投资企业	15. 8	1. 9	-3. 6	7. 0	21. 1	8. 4
私营企业	11. 7	11. 9	2. 2	3. 1	27. 6	11. 3

资料来源：根据国家统计局公布的相关数据整理得到。

就各年度的走势而言，2017~2021 年，各经济类型的企业的盈利增速大体一致，但也有显著不同。国有控股企业的增加值增速和全国 GDP 增速走势完全一致，呈不对称的 V 形态势；外商投资企业的增加值增速呈对称的 V 形态势。股份制企业和私营企业的增加值增速与净利润增速在 2019 年和 2020 年走势相反，2019 年的增加值增速上升，但净利润增速严重下滑，2020 年的增加值增速严重下滑，但净利润增速却在上升。

第二节　从控股属性分析上市公司的盈利状况[①]

一、盈利变化状况

从营业收入增速来看（见表 4-3），2017~2021 年，中央企业、地方

① 本章按照上市公司控股属性将上市公司分为中央国有企业（以下简称中央企业）、地方国有企业（以下简称地方国企）和民营企业。不能归类为国有控股企业的上市公司由于以民营企业为主，所以统一分类为民营企业。

国企和民营企业三类上市公司的营业收入增速的变化趋势基本一致，均呈先下降后上升的态势。从2017~2021年的营业收入平均增速来看，中央企业的营业收入平均增速低于地方国企和民营企业，后两者相差不大，但地方国企2021年的营业收入增长要明显高于民营企业。

表4-3　2017~2021年不同控股属性的上市公司的营业收入增速

单位：%

企业类型	2017年	2018年	2019年	2020年	2021年	五年平均
中央企业	15.8	13.8	8.4	-5.6	23.7	11.2
地方国企	21.8	11.6	8.3	6.6	23.5	14.4
民营企业	22.6	14.4	8.6	6.6	19.2	14.3

资料来源：笔者根据样本上市公司数据编制。

从核心利润增速来看（见表4-4），2017~2021年，三类企业的核心利润增速和营业收入增速走势明显不同。表现最好的是地方国企，核心利润平均增速为22.4%，其次是中央企业，核心利润平均增速为20.0%，民营企业的核心利润平均增速最低，仅为9.4%。地方国企和民营企业核心利润增速的差异主要与行业分布有关。中上游行业占比较多的地方国企，在大宗商品价格上涨时，可以分享周期性行业价格上涨和单位成本下降的双重受益，而中下游行业占比较多的民营企业，由于需求不振，不能将上游材料成本上涨的信息完全传递给终端消费者，因此在大宗商品价格上涨时反而核心利润增速较低，特别是在2021年，核心利润在营业收入增速上涨了19.2%的情况下，反而出现了负增长，在大宗商品价格下降的2019年和2020年，民营企业的核心利润增速反而相对较高。

表 4-4　2017~2021 年不同控股属性的上市公司的核心利润增速

单位：%

企业类型	2017 年	2018 年	2019 年	2020 年	2021 年	五年平均
中央企业	42.1	20.1	-4.5	-13.6	56.1	20.0
地方国企	54.4	14.6	-1.3	-1.2	45.4	22.4
民营企业	22.3	12.0	6.0	8.0	-1.2	9.4

资料来源：笔者根据样本上市公司数据编制。

从净利润增速来看（见表 4-5），2017~2021 年，中央企业净利润增速和其核心利润走势基本相同；地方国企净利润增速走势呈对称的 V 形走势，2017~2019 年逐年下降，2020~2021 年逐年上升；民营企业的净利润增速走势呈横 S 形走势，2018 年和 2021 年的净利润增速较低，2017 年和 2020 年的净利润增速较高。核心利润增速的走势主要受非经常性损益特别是股票市场引起的非经常性损益的影响。但总体来说，三类企业 2017~2021 年的净利润平均增速低于核心利润平均增速，说明三类企业并未从非经常损益中受益。

表 4-5　2017~2021 年不同控股属性的上市公司的净利润增速

单位：%

企业类型	2017 年	2018 年	2019 年	2020 年	2021 年	五年平均
中央企业	37.2	16.2	2.1	-10.1	39.1	16.9
地方国企	45.2	10.6	-11.8	9.2	38.5	18.3
民营企业	24.9	-15.4	12.4	26.4	-16.7	6.3

资料来源：笔者根据样本上市公司数据编制。

民营企业 2018 年净利润增速下滑明显与当年计提大量的资产减值准备（特别是商誉减值）有关。2018 年，871 家上市公司共计提商誉减值金额高达1658.6亿元，是2017年的4.5倍、2016年的14.5倍，这是因为在2015年、2016年不少上市公司都进行了高溢价的收购，是其2~3年的业绩承诺期结束后集中爆发的结果。①

二、盈利能力状况

从总资产报酬率来看（见表4-6），2017~2021年，中央企业、地方国企与民营企业的总资产报酬率平均值分别为3.8%、4.2%和4.3%，中央企业的总资产报酬率较低，地方国企和民营企业的总资产报酬率基本相当。从各年走势来看，民营企业的总资产报酬率在2017年最高，总体逐年走低，2021年仅为3.8%，地方国企的总资产报酬率在2017~2018年有所增长，2019~2020年逐年下降，到2021年有明显的反弹。2021年中央企业、地方国企、民营企业的总资产报酬率分别为4.3%、4.7%、3.8%，地方国企的总资产报酬率最高，民营企业的总资产报酬率最低。

表4-6　2017~2021年不同控股属性的上市公司的总资产报酬率

单位：%

企业类型	2017年	2018年	2019年	2020年	2021年	五年平均
中央企业	3.8	4.2	3.7	2.9	4.3	3.8
地方国企	4.3	4.6	4.1	3.5	4.7	4.2
民营企业	4.8	4.5	4.3	4.3	3.8	4.3

资料来源：笔者根据样本上市公司数据编制。

从净资产收益率来看（见表4-7），2017~2021年，中央企业、地方

① 央广网. 2018年A股商誉报告：近1660亿元减值创新高［EB/OL］. http://hn.cnr.cn/hngbcj_1/20190503/t20190503_524599493.shtml，2019-05-03.

国企、民营企业的净资产收益率平均值分别为7.9%、9.9%和8.9%，地方国企的净资产收益率平均值最高，中央企业的净资产收益率平均值最低，民营企业的净资产收益率平均值处于中间位置。分年来看，中央企业与地方国企的净资产收益率和其总资产报酬率走势大体一致，但民营企业2019年和2020年受益于股票市场高景气度净资产收益率明显反弹，在2021年下降明显。2021年，中央企业、地方国企、民营企业净资产收益率平均值分别为8.7%、10.5%、7.5%。

表4-7　2017~2021年不同控股属性的上市公司的净资产收益率

单位：%

企业类型	2017年	2018年	2019年	2020年	2021年	五年平均
中央企业	7.9	8.4	7.9	6.7	8.7	7.9
地方国企	10.7	11.1	9.0	8.3	10.5	9.9
民营企业	10.9	7.9	8.2	9.8	7.5	8.9

资料来源：笔者根据样本上市公司数据编制。

第三节　从控股属性分析上市公司的投资与融资状况

一、投资及资产配置情况

（一）投资状况分析

在固定资产投资方面（见表4-8），2017~2021年，中央企业、地方国企和民营企业的固定资产投资平均增速分别为 5.9%、9.1%和 16.9%，民营企业的固定资产投资平均增速最高。分年来看，民营企业的固定资产投资增速除 2019 年出现负增长之外，其余年份都保持了 15%以上的增速，但增速总体上逐渐下滑。中央企业的固定资产投资增速只在 2018 年和 2019 年达到 13%，其余年份均不高于 3%；地方国企的固定资产投资增速在 2017~2019 年较高，在 9.2%~17.1%，但 2020 年和 2021 年下降到 3%左右的较低水平。

表 4-8　不同控股属性的上市公司的固定资产投资增速

单位：%

企业类型	2017 年	2018 年	2019 年	2020 年	2021 年	五年平均
中央企业	0.1	13.0	13.0	3.0	0.5	5.9
地方国企	17.1	9.2	12.9	2.7	3.5	9.1
民营企业	25.6	26.2	-2.1	18.6	16.3	16.9

资料来源：笔者根据样本上市公司数据编制。

在存货投资方面（见表 4-9），2017~2021 年，中央企业、地方国企与民营企业的存货投资增速平均值分别为 13.2%、14.5%和 14.7%，民营企业和地方国企的存货投资增速平均值稍高，中央企业的存货投资增速平均值较低。分年来看，中央企业和地方国企的存货投资增速呈现先下降后上升的不对称 V 形趋势，民营企业的存货投资增速呈对称的 V 形走势，2019 年为最低点，这一特征与其固定资产投资增速一致。2021 年，中央企业、地方国企与民营企业的存货投资增速分别为 24.8%、24.0%和 17.6%。

表 4-9　不同控股属性的上市公司的存货投资增速

单位：%

企业类型	2017 年	2018 年	2019 年	2020 年	2021 年	五年平均
中央企业	22.2	16.4	8.4	-5.6	24.8	13.2

续表

企业类型	2017 年	2018 年	2019 年	2020 年	2021 年	五年平均
地方国企	21.8	13.5	6.8	6.6	24.0	14.5
民营企业	32.0	10.4	4.8	8.9	17.6	14.7

资料来源：笔者根据样本上市公司数据编制。

（二）资产结构分析

在经营性资产占比方面（见表 4-10），2021 年，中央企业、地方国企、民营企业的经营性资产占比分别为 61.2%、60.4%、61.3%，三类企业的差异不大。从变化趋势来看，三类企业的经营性资产在 2017~2021 年均呈不断下降趋势，2017 年与 2021 年相比，中央企业、地方国企、民营企业的经营性资产占比分别下降了 12.8%、7.1%和 4.2%，特别是中央企业的经营性资产占比下降最为明显。2017~2021 年，经营性资产占比的变化趋势与三类企业固定资产投资增速变化逻辑基本一致，民营企业的固定资产投资平均增速最高，因此经营性资产占比下降幅度最小，而中央企业的固定资产投资平均增速最低，因此经营性资产占比下降幅度最大。

表 4-10　不同控股属性的上市公司的经营性资产占比分析

单位：%

企业类型	2017 年	2018 年	2019 年	2020 年	2021 年	两年差值
中央企业	74.0	70.3	65.0	62.3	61.2	-12.8
地方国企	67.5	67.0	64.2	62.0	60.4	-7.1
民营企业	65.5	66.0	64.0	61.4	61.3	-4.2

资料来源：笔者根据样本上市公司数据编制。

在金融性资产占比方面（见表 4-11），2021 年，地方国企持有金融性资产占比最高，达到 20.3%，民营企业持有的金融性资产占比为 17.9%，中央企业持有的金融性资产占比最低，为 14.0%。从 2017~2021 年的变化趋势来看，三类企业的变化较小，只有民营企业持有的金融性资产 2021 年的占比与 2017 年相比下降了 1.7%，与 2017 年相比，2021 年中央企业和地方国企的金融性资产占比基本持平。

表 4-11　不同控股属性的上市公司的金融性资产占比分析

单位：%

企业类型	2017 年	2018 年	2019 年	2020 年	2021 年	两年差值
中央企业	14.0	13.2	12.3	13.4	14.0	0
地方国企	21.2	21.3	19.7	19.9	20.3	-0.9
民营企业	19.6	17.9	17.6	18.7	17.9	-1.7

资料来源：笔者根据样本上市公司数据编制。

从其他资产占比来看（见表 4-12），2017~2021 年，三类企业的其他资产占比都有明显上升，与 2017 年相比，2021 年中央企业、地方国企、民营企业的其他资产占比分别上升了 12.8%、8.0%、5.9%。2021 年，中央企业、地方国企、民营企业的其他资产占比分别为 24.8%、19.3%、20.8%。三类企业的其他资产占比的上升差异与其企业自由现金流的差异是基本一致的。

表 4-12　不同控股属性的上市公司的其他资产占比分析

单位：%

企业类型	2017 年	2018 年	2019 年	2020 年	2021 年	两年差值
中央企业	12.0	16.5	22.7	24.3	24.8	12.8
地方国企	11.3	11.7	16.1	18.1	19.3	8.0
民营企业	14.9	16.1	18.4	19.9	20.8	5.9

资料来源：笔者根据样本上市公司数据编制。

资产结构变化总体说明，由于经济增速逐步放缓，中央企业、地方国企、民营企业在2017~2021年将资金分配到经营性业务的占比减少，将资金分配到对外投资等业务的占比增加，其中以中央企业表现最为明显，其他资产占比从2017年的12.0%增加到2021年的24.8%。

二、融资及融资组合状况

（一）融资状况分析

如表4-13所示，2017~2021年，中央企业、地方国企与民营企业的各类现金流有明显差异。中央企业由于大多处于中上游原材料行业，尽管营业收入分年波动明显，但是经营净现金流一直保持5%以上的增速，加上较低的投资增速，融资净现金流一直为负，处于净流出状态，2017~2021年累计融资净现金流为-97.5百亿元，累计增加净现金流为88.9百亿元，占累计经营净现金流的近12%；地方国企的融资现金流与中央企业相似，但在2017年和2020年融资净现金流为正，2017~2021年累计融资净现金流为-17.1百亿元；民营企业虽然每年经营净现金流也处于增长状态，但由于投资增加较多，除2019年和2021年外，融资净现金流都为正，2017~2021年累计融资净现金流为68.5百亿元。总体来看，中央企业与地方国企的经营现金流良好，覆盖投资支出后自由现金流较多，总体呈资金融出状态，净现金流也增加较多，民营企业尽管经营现金流可以总体覆盖投资支出，但自由现金流较少，分年存在资金缺口，总体呈资金融入状态。三类企业现金流的这一变化特征可以部分解释2017~2021年三类企业的资产结构变化。

表 4-13　不同控股属性的上市公司的现金流规模

单位：百亿元

年份	项目	中央企业	地方国企	民营企业
2017	经营净现金流	132.3	49.6	61.1
	投资净现金流	-104.1	-56.2	-99.8
	融资净现金流	-12.3	19.1	63.8
2018	经营净现金流	139.4	77.3	80.7
	投资净现金流	-110.3	-52.1	-100.6
	融资净现金流	-27.5	-8.1	19.6
2019	经营净现金流	148.0	85.8	109.6
	投资净现金流	-118.9	-59.7	-86.0
	融资净现金流	-27.2	-16.1	-14.6
2020	经营净现金流	157.2	93.5	119.6
	投资净现金流	-107.6	-65.3	-95.6
	融资净现金流	-10.6	2.1	16.2
2021	经营净现金流	174.0	109.1	126.5
	投资净现金流	-123.6	-64.0	-98.4
	融资净现金流	-19.9	-14.1	-16.5
五年累计	经营净现金流	750.9	415.3	497.5
	投资净现金流	-564.5	-297.3	-480.4
	融资净现金流	-97.5	-17.1	68.5

资料来源：笔者根据样本上市公司数据编制。

在债务融资方面（见表 4-14 和表 4-15），2017~2021 年，五年累计净债务融资规模最大的是民营企业，其次是地方国企，五年累计净债务融资规模最少的是中央企业，但是从各年的趋势来看，中央企业的净债务融资规模呈总体增加趋势，民营企业的净债务融资规模呈总体减少趋势，地方国企的净债务融资规模相对均衡。从 2017~2021 年三类企业的净债务融资增速来看，三类企业都在2017年和2020年有较高增速，这一点和社会融资规模增速走势基本一致。但在2021年，仅中央企业的净债务融资增速显著提升，达到69.4%，地方国企和民营企业的净债务融资增速则显著降低，分别为-44.5%和-69.4%。结合现金流特点来看，中央企业存在净现金和净债务现金流“双高”的态势。

表4-14　2017~2021年不同控股属性的上市公司的净债务融资规模

单位：百亿元

企业类型	2017年	2018年	2019年	2020年	2021年	五年累计
中央企业	14.9	9.0	14.1	21.8	36.9	96.6
地方国企	33.0	28.9	17.6	30.8	17.1	127.4
民营企业	67.4	57.3	23.3	36.9	11.3	196.2

资料来源：笔者根据样本上市公司数据编制。

表4-15　2017~2021年不同控股属性的上市公司的净债务融资增速

单位：百亿元

企业类型	2017年	2018年	2019年	2020年	2021年	五年累计
中央企业	103.9	-39.8	56.9	54.7	69.4	49.0
地方国企	72.4	-12.5	-39.2	75.6	-44.5	10.4
民营企业	47.6	-15.0	-59.3	58.3	-69.4	-7.6

资料来源：笔者根据样本上市公司数据编制。

（二）融资结构分析

1. 负债率

在资产负债率方面（见表4-16），2017~2021年，中央企业和地方国企的资产负债率基本在60%上下波动，变化不大，中央企业的资产负债率稍高，地方国企的资产负债率稍低。民营企业的资产负债率总体呈上升趋势，从 2017 年的 58.5%上升到 2021 年的 61.6%，上升了 3.1%。

表 4-16　2017～2021 年不同控股属性的上市公司的资产负债率

单位:%

企业类型	2017 年	2018 年	2019 年	2020 年	2021 年	两年差值
中央企业	61.2	61.1	61.5	61.3	61.8	0.6
地方国企	59.9	59.8	59.9	60.4	59.8	-0.1
民营企业	58.5	60.9	61.8	61.4	61.6	3.1

资料来源：笔者根据样本上市公司数据编制。

在有息负债率方面，2017～2021 年，中央企业、地方国企和民营企业的有息负债率都出现明显下降，分别下降了 4.6%、2.9%和 5.2%，2021 年中央企业、地方国企、民营企业的有息负债率分别为 26.1%、29.0%和 22.5%（见表 4-17）。

表 4-17　2017～2021 年不同控股属性的上市公司的有息负债率

单位:%

企业类型	2017 年	2018 年	2019 年	2020 年	2021 年	两年差值
中央企业	30.7	29.7	27.7	26.6	26.1	-4.6
地方国企	31.9	31.5	30.8	31.0	29.0	-2.9
民营企业	27.7	27.6	26.6	24.8	22.5	-5.2

资料来源：笔者根据样本上市公司数据编制。

从 2017～2021 年的资产负债率来看，三类企业的债务风险没有明显变化，甚至因有息负债率下降而有一定的下降趋势。尽管民营企业的资产负债率明显上升，但是其有息负债率明显下降，说明民营企业资产负债率上升主要由于其商业性负债上升。

2. 债务融资结构

从有息债务占总债务比重来看（见表4-18），2021年，中央企业、地方国企、民营企业的有息负债占比分别为37.8%、43.2%、33.6%，地方国企的有息负债占比最高，民营企业的有息负债占比最低。与2017年的有息负债占比相比，三类企业都出现了下降，其中下降最明显的是民营企业，其次是中央企业。这一点与有息负债率的变化基本一致。

表4-18　不同控股属性的上市公司的有息负债占比变化分析

单位:%

企业类型	2017年	2018年	2019年	2020年	2021年	两年差值
中央企业	44.4	43.3	39.7	38.6	37.8	-6.6
地方国企	47.1	46.7	45.7	45.4	43.2	-3.9
民营企业	41.3	40.1	38.6	36.4	33.6	-7.7

资料来源：笔者根据样本上市公司数据编制。

进一步分析有息债务的结构，与2017年相比，2021年中央企业和地方国企的长期有息负债占比明显增加（见表4-19），分别增加了6.5%、4.5%，而民营企业的长期有息负债占比则下降了1.9%。2021年，中央企业、地方国企、民营企业的长期有息负债占比分别为68.6%、56.3%、47.5%。这一情况说明，相对稳定的长期债务资金主要流向了中央企业和地方国企。

表4-19　不同控股属性的上市公司的长期有息负债占比

单位:%

企业类型	2017年	2018年	2019年	2020年	2021年	两年差值
中央企业	62.1	64.3	63.7	66.4	68.6	6.5

续表

企业类型	2017 年	2018 年	2019 年	2020 年	2021 年	两年差值
地方国企	51.8	51.8	52.1	55.6	56.3	4.5
民营企业	49.4	48.6	47.5	50.3	47.5	-1.9

资料来源：笔者根据样本上市公司数据编制。

从应收账款周转天数和应付账款周转天数综合来分析三类企业对外提供的商业信用融资的情况。从应收账款周转天数来看（见表 4-20），三类企业都呈逐渐减少态势，说明三类企业对外提供的商业信用（即应收账款）融资都相对减少。与 2017 年相比，2021 年三类企业的应收账款周转天数都减少了 8~10 天，但中央企业应收账款周转天数的减少幅度相对较大。

表 4-20　2017~2021 年不同控股属性的上市公司的应收账款周转天数

单位：天

企业类型	2017 年	2018 年	2019 年	2020 年	2021 年	两年差值
中央企业	49	45	41	46	39	-10
地方国企	50	50	48	48	42	-8
民营企业	74	74	73	73	66	-8

资料来源：笔者根据样本上市公司数据编制。

从应付账款周转天数来看（见表 4-21），三类企业都呈逐渐增加态势，说明三类企业对外提供的商业信用融资（即应付账款）都相对增加。与 2017 相比，2021 年中央企业和地方国企的应付账款周转天数增加了 13~14 天，民营企业的应付账款天数增加了 26 天，说明民营企业在减少金融性负债融资规模的同时，大幅度地增加了商业信用融资。

表 4-21　2017～2021 年不同控股属性的上市公司的应付账款周转天数

单位：天

企业类型	2017 年	2018 年	2019 年	2020 年	2021 年	两年差值
中央企业	32	35	39	50	46	14
地方国企	21	23	23	35	34	13
民营企业	22	30	31	48	48	26

资料来源：笔者根据样本上市公司数据编制。

从净商业信用融资提供天数来看（见表 4-22），虽然民营企业净商业信用融资提供天数减少最多，减少了 34 天，但是从净商业信用融资提供天数来看，民营企业 2017～2021 年的净商业信用融资提供天数仍旧最多，2021 年对外提供净商业信用融资的天数为 18 天。2020 年和 2021 年中央企业提供净商业信用融资的天数为负值。

表 4-22　2017～2021 年不同控股属性的上市公司的净商业信用融资提供天数

单位：天

企业类型	2017 年	2018 年	2019 年	2020 年	2021 年	两年差值
中央企业	17	10	2	-4	-7	-24
地方国企	29	27	25	13	8	-21
民营企业	52	44	42	25	18	-34

资料来源：笔者根据样本上市公司数据编制。

第四节　本章总结

从盈利增长情况来看，2017～2021 年，地方国企表现最好，营业收入和核心利润平均增速分别为 14.4%和 22.4%，中央企业的营业收入和核心利润平均增速分别为 11.2%和 20.0%，民营企业的营业收入和核心利润平均增速分别为 14.3%和 9.4%。这一差异主要是行业分布差异造成的，国有企业主要分布在中上游行业，受益于大宗商品价格上涨。从核心利润增速走势来看，民营企业在 2019 年之前表现较好，但在 2019 年之后下降明显，在 2021 年营业收入恢复明显增长的情况下，民营企业的核心利润出现负增长。

从盈利能力来看，2017~2021 年中央企业、地方国企与民营企业的总资产报酬率的平均值分别为 3.8%、4.2%和 4.3%，中央企业总资产报酬率平均值较低，地方国企和民营企业基本相当，但民营企业的盈利能力在 2017~2021 年总体呈逐年下降趋势。

从投资和资产结构来看，2017~2021 年，民营企业固定资产增速（16.9%）明显高于中央企业（5.9%），也显著高于地方国企（9.1%），特别是在 2021 年差异表现得更明显，2021 年中央企业在盈利大增的情况下，固定资产投资增长不明显，民营企业固定资产投资增速达到 16%以上。这与国有企业和民营企业的行业分布有很大关系，国有企业分布以传统资源型行业为主，民营企业在新能源等新兴行业分布较多。虽然 2017~2021 年三类企业经营性资产占比均出现下降，但中央企业的经营性资产占比下降最为明显，其次是地方国企。中央企业的经营性资产占比在 2017 年远高于民营企业，但在 2021 年稍低于民营企业，这说明 2017~2021 年经济增长缓慢，三类企业在经营性业务方面的投入相对降低，国有企业表现最为明显。

从融资来看，2017~2021 年，中央企业经营现金流良好，覆盖投资支出后自由现金流较多，总体呈资金融出状态，净现金也增加较多。地方国企现金流状况和中央企业类似，但弱于中央企业。尽管民营企业经营现金流可以总体覆盖投资支出，但自由现金流较少，分年存在资金缺口，总体呈资金融入状态。

从净债务融资来看，民营企业在 2017~2021 年的净债务融资累计规模最高，中央企业在这五年的净债务融资累计规模最低，但是民营企业净债务融资呈逐年减少的趋势，而中央企业的净债务融资规模总体呈逐年增加的趋势。

从负债率来看，2017~2021 年，三类企业债务风险没有明显变化。与 2017 年相比，尽管 2021 年民营企业的资产负债率有明显上升，但是有息负债率却明显下降。从有息负债结构来看，与 2017 年相比，2021 年中央企业和地方国企的长期有息负债占比增加，民营企业的长期有息负债占比减少。尽管民营企业的商业信用融资明显增加，其在 2021 年对上下游客户仍提供 18 天的净商业信用融资；尽管中央企业和地方国企的商业信用融资增加幅度低于民营企业，但其对上下游企业提供的净商业信用融资天数较少。

第五章

各省份上市公司的盈利、投资、融资状况

第一节　各省份的宏观经济概况

一、GDP 增速

如图 5-1 所示，2017~2021 年，按照 GDP 总量，排名前 10 的省份分别是广东、江苏、山东、浙江、河南、四川、湖北、福建、湖南、上海，10 个省份贡献 GDP 为 300.7 万亿元，约占 31 个省份 GDP 总量的 61.6%；排名后 10 位的省份 GDP 总额为 46.5 万亿元，约占 31 个省份 GDP 总量的 9.5%；余下的 11 个省份约占 31 个省份 GDP 总量的 28.9%。

2017~2021 年全国 GDP 平均增速为 6.2%①。如表 5-1 所示，2017~2021 年，相对于全国 GDP 增速平均水平，五年平均增速较高的省份主要有西藏、贵州、江西、云南、安徽、四川、福建、浙江、重庆、海南，五年平均增速都在 6.7%以上，但是西藏和贵州的 GDP 增速在 2021 年全国 31 个省份 GDP 增速排名下降明显。2017~2021 年，五年平均增速基本维

① 考虑到受 2020 年疫情的影响，全国 GDP 平均增速的计算方法为将 2020 年和 2021 的增速平均值作为一年的数据，与 2017 年、2018 年、2019 年的 GDP 增速平均值汇总后除以 4。

持中间的省份主要有江苏、山西、宁夏、广西、陕西、广东、山东、湖北、河北、新疆，分布地区较为分散；2017~2021年，GDP五年平均增速处于较低水平省份的有天津、内蒙古、辽宁、吉林、黑龙江、甘肃、青海、北京、上海、河南、湖南。从走势来看，2017~2021年，除西藏的GDP增速整体呈逐年下降的趋势外，其他省份GDP增速和全国GDP增速走势基本一致，与2017年相比，2021年西藏、云南、青海、河南、河北的GDP增速下降较明显。

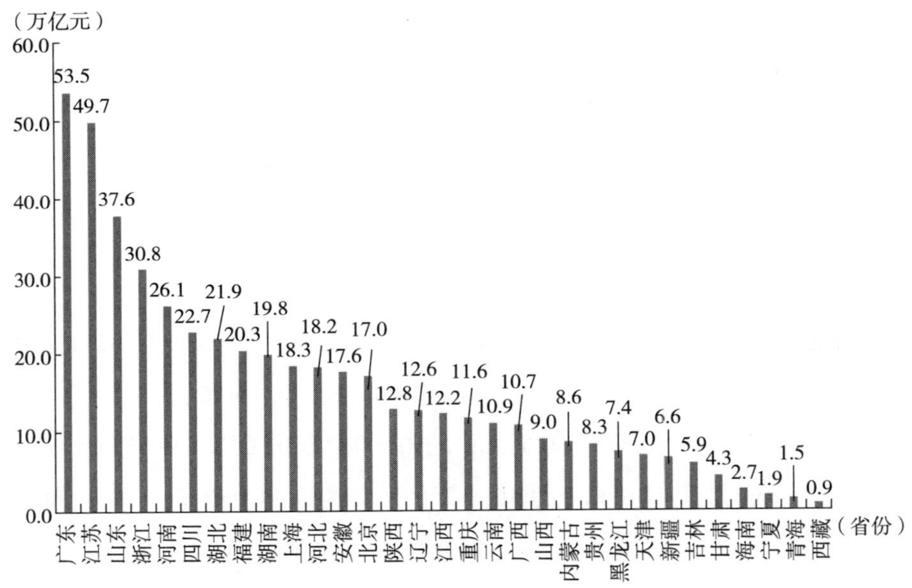

图5-1　2017~2021年各省份GDP总量

资料来源：根据Wind数据库的相关数据绘制。

2021年，GDP增速较高的省份主要有湖北、海南、山西、江西、江苏、北京、浙江、山东、重庆、安徽；2021年，GDP增速基本维持中间的省份有四川、上海、贵州、广东、福建、湖南、广西、云南、新疆、甘肃、宁夏、西藏；2021年，GDP增速较低的省份有青海、辽宁、黑龙江、河南、内蒙古、陕西、河北、吉林、天津。

表 5-1　2017~2021 年各省份的 GDP 增速

单位:%

所属省份	2017 年	所属省份	2018 年	所属省份	2019 年	所属省份	2020 年	所属省份	2021 年	所属省份	五年平均
贵州	10.2	贵州	9.1	贵州	8.3	西藏	7.8	湖北	12.9	西藏	8.3
西藏	10.0	西藏	9.1	云南	8.1	贵州	4.5	海南	11.2	贵州	8.0
云南	9.5	云南	8.9	西藏	8.1	云南	4.0	山西	9.1	江西	7.6
重庆	9.3	江西	8.7	江西	7.9	甘肃	3.9	江西	8.8	云南	7.6
江西	8.8	陕西	8.3	福建	7.6	河北	3.9	江苏	8.6	安徽	7.2
安徽	8.5	福建	8.3	四川	7.5	宁夏	3.9	北京	8.5	四川	7.1
福建	8.1	四川	8.0	安徽	7.5	重庆	3.9	浙江	8.5	福建	7.1
四川	8.1	安徽	8.0	湖北	7.3	安徽	3.9	山东	8.3	浙江	6.8
陕西	8.0	湖北	7.8	河南	6.8	湖南	3.8	重庆	8.3	重庆	6.8
河南	7.8	河南	7.6	河北	6.8	四川	3.8	安徽	8.3	海南	6.7
湖北	7.8	青海	7.1	浙江	6.8	江西	3.8	四川	8.2	江苏	6.5
宁夏	7.8	浙江	7.1	宁夏	6.5	广西	3.7	上海	8.1	山西	6.4
浙江	7.8	宁夏	7.0	青海	6.3	江苏	3.7	贵州	8.1	宁夏	6.4
新疆	7.6	广东	6.8	重庆	6.3	山东	3.6	广东	8.0	广西	6.2
广东	7.5	广西	6.8	甘肃	6.2	山西	3.6	福建	8.0	陕西	6.2
山东	7.3	江苏	6.7	新疆	6.2	浙江	3.6	湖南	7.7	广东	6.2

续表

所属省份	2017 年	所属省份	2018 年	所属省份	2019 年	所属省份	2020 年	所属省份	2021 年	所属省份	五年平均
青海	7.2	北京	6.6	广东	6.2	海南	3.5	广西	7.5	山东	6.2
江苏	7.2	上海	6.6	北京	6.1	新疆	3.4	云南	7.3	湖北	6.2
广西	7.1	河北	6.6	山西	6.1	福建	3.3	新疆	7.0	河北	6.1
湖南	7.0	山西	6.6	江苏	6.1	吉林	2.4	甘肃	6.9	新疆	6.1
海南	7.0	甘肃	6.3	上海	6.0	广东	2.3	宁夏	6.7	湖南	6.0
上海	6.9	山东	6.3	陕西	6.0	陕西	2.2	西藏	6.7	河南	6.0
山西	6.8	新疆	6.1	广西	6.0	上海	1.7	天津	6.6	上海	5.9
北京	6.7	重庆	6.0	湖南	5.8	天津	1.5	吉林	6.6	北京	5.8
河北	6.7	湖南	5.8	海南	5.8	青海	1.5	河北	6.5	青海	5.6
黑龙江	6.4	海南	5.8	辽宁	5.5	河南	1.3	陕西	6.5	甘肃	5.4
吉林	5.3	辽宁	5.6	山东	5.3	北京	1.2	内蒙古	6.3	黑龙江	4.5
辽宁	4.2	内蒙古	5.3	内蒙古	5.2	黑龙江	1.0	河南	6.3	吉林	4.4
内蒙古	4.0	黑龙江	4.7	天津	4.8	辽宁	0.6	黑龙江	6.1	辽宁	4.3
天津	3.6	吉林	4.5	黑龙江	4.2	内蒙古	0.2	辽宁	5.8	内蒙古	4.2
甘肃	3.6	天津	3.6	吉林	3.0	湖北	-5.0	青海	5.7	天津	4.0

资料来源：根据 Wind 数据库的相关数据编制。

二、投资

（一）全社会固定资产投资

如表 5-2 所示，2017~2021 年，全社会固定资产投资五年平均增速较高的省份有江西、云南、湖南、广东、安徽、广西、浙江、山西，平均增速都在 8%以上，除山西外，其他省份都位于南方地区；五年平均增速处于较低水平的省份有内蒙古、甘肃、宁夏、北京、吉林、海南、青海、辽宁、山东，五年平均增速都低于 3%，除海南外，其他省份都位于北方地区。2017~2021 年，全社会固定资产投资增速波动较显著的省份有甘肃、内蒙古、吉林、湖北、西藏、贵州、陕西、云南和青海，其中甘肃、内蒙古、吉林、湖北的全社会固定资产投资增速上升明显，西藏、贵州、陕西、云南、青海的全社会固定资产投资增速下降明显。

2021 年，全社会固定资产投资增速为 8%及以上的省份有湖北、新疆、甘肃、吉林、浙江、江西、海南、内蒙古、安徽、山西、上海、湖南；全社会固定资产投资增速低于 3%的省份有西藏、贵州、陕西、青海、宁夏、辽宁。

（二）制造业投资

如表 5-3 所示，2017~2021 年，制造业固定资产投资五年平均增速较高的省份有西藏、北京、海南、湖南、广西、山西、上海、福建、江西、安徽、贵州，增速都在 10%以上，除山西、北京外，以南方省份为主；制造业固定资产投资五年平均增速处于较低水平的省份有吉林、甘肃、青海、山东、内蒙古、河北、天津、宁夏、新疆、辽宁，增速都在 3%以下，

表 5-2　2017~2021 年各省份全社会固定资产投资增速

单位：%

所属省份	2017 年	所属省份	2018 年	所属省份	2019 年	所属省份	2020 年	所属省份	2021 年	所属省份	五年平均
西藏	23.9	贵州	15.8	天津	13.1	新疆	16.2	湖北	20.4	江西	10.3
贵州	20.1	安徽	11.8	广东	11.1	山西	10.6	新疆	15.0	云南	10.0
新疆	20.0	云南	11.6	湖北	10.7	上海	10.3	甘肃	11.1	湖南	9.8
云南	18.0	福建	11.5	湖南	10.1	吉林	8.3	吉林	11.0	广东	9.8
陕西	14.4	江西	11.1	浙江	10.0	江西	8.2	浙江	10.8	安徽	9.3
广东	13.5	湖北	11.0	广西	9.6	海南	8.0	江西	10.8	广西	8.9
福建	13.5	广西	10.8	山西	9.3	甘肃	7.8	海南	10.2	浙江	8.4
湖南	13.1	广东	10.7	安徽	9.2	云南	7.7	内蒙古	9.8	山西	8.1
广西	12.4	陕西	10.4	江西	9.2	湖南	7.6	安徽	9.4	四川	7.5
江西	12.1	四川	10.2	四川	8.6	广东	7.2	山西	8.7	贵州	7.4
湖北	11.0	湖南	10.0	云南	8.5	西藏	5.4	上海	8.0	福建	7.3
安徽	11.0	西藏	9.8	河南	8.0	浙江	5.4	湖南	8.0	上海	7.2
河南	10.4	河南	8.1	内蒙古	6.7	安徽	5.1	广西	7.6	河南	7.1
青海	10.3	青海	7.3	甘肃	6.6	河南	4.3	黑龙江	6.4	湖北	6.9
四川	10.2	浙江	7.1	河北	6.5	广西	4.2	广东	6.3	重庆	6.4
海南	10.1	重庆	7.0	黑龙江	6.3	陕西	4.1	重庆	6.1	新疆	5.7

续表

所属省份	2017年	所属省份	2018年	所属省份	2019年	所属省份	2020年	所属省份	2021年	所属省份	五年平均
重庆	9.5	河北	6.0	福建	5.9	宁夏	4.0	山东	6.0	陕西	5.7
浙江	8.6	山西	5.7	重庆	5.6	重庆	3.9	福建	6.0	江苏	4.8
江苏	7.5	江苏	5.5	江苏	5.1	山东	3.6	四川	5.9	河北	4.8
上海	7.3	上海	5.2	上海	5.1	黑龙江	3.6	江苏	5.8	西藏	4.5
山东	7.3	山东	4.1	青海	5.0	河北	3.2	北京	4.9	黑龙江	3.6
山西	6.3	辽宁	3.7	陕西	2.5	贵州	3.2	天津	4.8	天津	3.2
黑龙江	6.2	吉林	1.6	新疆	2.5	天津	3.0	河南	4.5	山东	2.6
北京	5.7	甘肃	-3.9	贵州	0.9	四川	2.8	云南	4.0	辽宁	1.9
河北	5.2	黑龙江	-4.7	辽宁	0.3	辽宁	2.6	河北	3.0	青海	1.5
宁夏	4.2	北京	-5.5	西藏	-2.2	北京	2.2	辽宁	2.6	海南	1.3
吉林	1.4	天津	-5.6	北京	-2.5	江苏	0.3	宁夏	2.2	吉林	1.2
天津	0.5	海南	-12.5	山东	-8.2	福建	-0.4	青海	-2.9	北京	1.0
辽宁	0.1	宁夏	-18.2	海南	-9.2	内蒙古	-1.5	陕西	-3.0	宁夏	-3.6
内蒙古	-6.9	新疆	-25.2	宁夏	-10.3	青海	-12.2	贵州	-3.1	甘肃	-3.7
甘肃	-40.3	内蒙古	-28.3	吉林	-16.2	湖北	-18.8	西藏	-14.2	内蒙古	-4.0

资料来源：根据 Wind 数据库的相关数据编制。

表 5-3　2017~2021 年各省份制造业固定资产投资增速

单位：%

所属省份	2017年	所属省份	2018年	所属省份	2019年	所属省份	2020年	所属省份	2021年	所属省份	五年平均
西藏	105.2	西藏	50.6	甘肃	24.8	北京	66.6	海南	84.2	西藏	36.6
北京	23.6	湖南	35.0	上海	21.1	海南	49.7	北京	68.3	北京	23.5
福建	17.2	安徽	33.3	海南	19.9	西藏	36.8	广西	37.4	海南	22.8
江西	14.6	广西	22.5	湖南	18.4	山西	25.9	新疆	36.9	湖南	17.3
云南	13.7	福建	22.3	福建	16.2	上海	20.6	内蒙古	29.2	广西	16.2
青海	13.0	辽宁	20.3	贵州	16.1	湖南	8.1	山西	24.5	山西	14.1
四川	12.5	江西	18.2	西藏	13.5	山东	7.6	浙江	19.8	上海	13.9
湖北	12.1	湖北	15.6	浙江	12.9	江西	7.0	湖北	18.9	福建	13.5
安徽	11.5	黑龙江	15.6	云南	11.9	云南	5.9	广东	18.7	江西	12.8
重庆	8.9	上海	14.8	江西	10.9	甘肃	5.0	贵州	18.3	安徽	12.8
广西	7.7	山西	14.6	宁夏	10.8	吉林	4.7	湖南	17.5	贵州	10.4
广东	7.5	云南	14.3	安徽	10.1	广西	4.2	江苏	16.1	云南	9.7
湖南	7.3	贵州	12.5	湖北	10.0	重庆	3.7	甘肃	15.5	浙江	9.4
江苏	6.8	江苏	11.2	广西	9.2	浙江	3.4	安徽	14.6	重庆	8.0
浙江	6.2	重庆	9.3	天津	9.1	陕西	3.2	福建	13.9	湖北	6.4
贵州	5.8	陕西	8.6	内蒙古	9.1	四川	2.0	天津	13.8	江苏	6.0

续表

所属省份	2017 年	所属省份	2018 年	所属省份	2019 年	所属省份	2020 年	所属省份	2021 年	所属省份	五年平均
山西	5.6	河北	8.2	重庆	8.9	河南	0.8	江西	13.5	河南	5.4
上海	5.2	青海	7.6	陕西	8.3	天津	0.6	青海	13.1	陕西	5.3
天津	3.8	浙江	4.9	河南	8.2	宁夏	0.2	黑龙江	12.6	黑龙江	5.3
黑龙江	3.6	河南	3.4	四川	5.1	贵州	-0.8	河南	11.7	四川	5.1
河南	3.1	山东	2.4	江苏	4.6	福建	-2.3	四川	9.7	广东	4.4
河北	3.1	宁夏	0.4	青海	2.6	新疆	-3.2	重庆	9.1	辽宁	2.9
山东	2.5	广东	-0.1	河北	1.6	黑龙江	-4.3	上海	7.8	新疆	2.0
辽宁	2.0	吉林	-3.8	广东	1.0	广东	-5.1	山东	7.6	宁夏	1.6
陕西	1.8	四川	-3.9	北京	0.8	安徽	-5.6	辽宁	6.6	天津	1.1
海南	-2.1	新疆	-9.1	山西	0.1	辽宁	-7.0	陕西	4.8	河北	1.0
宁夏	-2.1	甘肃	-13.4	黑龙江	-0.9	江苏	-8.6	吉林	4.2	内蒙古	-1.3
吉林	-5.4	天津	-22.0	新疆	-1.7	内蒙古	-9.6	云南	2.7	山东	-2.2
内蒙古	-9.2	内蒙古	-25.8	辽宁	-7.3	河北	-10.1	河北	2.3	青海	-2.3
新疆	-13.1	海南	-37.9	山东	-31.1	湖北	-24.5	宁夏	-1.5	甘肃	-4.6
甘肃	-54.9	北京	-41.7	吉林	-38.2	青海	-48.0	西藏	-23.3	吉林	-7.7

资料来源：根据 Wind 数据库的相关数据编制。

都位于北方地区，其中吉林、甘肃、青海、山东、内蒙古制造业固定资产投资五年平均增速为负增长。制造业固定资产投资五年平均增速基本维持中间的省份有云南、浙江、重庆、湖北、江苏、河南、陕西、黑龙江、四川、广东。

（三）基础设施投资

如表 5-4 所示，2017~2021 年，基础设施投资五年平均增速较高的省份有河南、云南、安徽、广东、广西、河北、江西、重庆、山西、四川，五年平均增速都在 8%以上；基础设施投资五年平均增速处于较低水平的省份有内蒙古、甘肃、宁夏、海南、青海、贵州，这 6 个省份的基础设施投资五年平均增速都处于负增长状态。从 2019 年以后，贵州的基础设施投资呈较大幅度的负增长趋势。

（四）房地产投资

如表 5-5 所示，2017~2021 年，房地产投资五年平均增速较高的省份有西藏、湖南、甘肃、广东、浙江、新疆、云南、陕西，五年平均增速都在 10%以上；房地产投资五年平均增速较低的省份有宁夏、海南、北京、河北、黑龙江、青海，五年平均增速都在 3%以下。

如表 5-6 所示，2017~2021 年，各省份的全社会固定资产投资平均增速、制造业固定资产投资平均增速、房地产投资平均增速均与 GDP 平均增速显著正相关，全社会固定资产投资平均增速、基础设施投资平均增速均与 GDP 总量排名显著负相关。这一统计关系说明：①2017~2021 年全社会固定资产投资增长较快的省份主要分布在经济排名靠后的地区；②从投资拉动作用来说，部分 GDP 增速较高的省份除依靠制造业固定资产投资之外，房地产投资也具有明显的拉动作用。

表 5-4　2017~2021 年各省份基础设施投资增速

单位:%

所属省份	2017 年	所属省份	2018 年	所属省份	2019 年	所属省份	2020 年	所属省份	2021 年	所属省份	五年平均
新疆	42.4	河南	23.9	黑龙江	22.6	天津	26.7	辽宁	16.0	河南	14.6
云南	32.3	江西	17.7	广东	20.2	新疆	21.3	广西	15.6	云南	12.6
河南	30.4	四川	17.2	河北	19.1	河北	14.9	黑龙江	10.3	安徽	12.5
山东	29.2	山西	16.8	河南	16.1	广西	12.9	湖北	9.9	广东	12.4
陕西	29.1	浙江	14.4	天津	14.9	甘肃	12.2	四川	8.4	广西	10.9
宁夏	26.1	湖北	13.1	湖北	14.7	广东	11.6	山西	8.2	河北	9.5
贵州	25.5	重庆	12.4	山西	13.9	安徽	10.6	云南	7.5	江西	9.1
北京	24.4	贵州	10.8	安徽	13.1	重庆	10.0	安徽	7.4	重庆	9.0
广东	24.3	云南	10.3	浙江	10.2	云南	7.4	重庆	7.4	山西	8.9
安徽	24.2	广西	9.8	江西	8.9	辽宁	6.0	新疆	7.4	四川	8.3
西藏	23.9	广东	8.4	山东	7.9	湖南	4.6	上海	5.8	浙江	7.6
湖南	15.9	福建	7.5	四川	5.7	黑龙江	4.4	甘肃	4.2	山东	7.5
青海	15.9	山东	7.4	云南	5.5	吉林	4.3	湖南	3.6	新疆	5.8
重庆	15.8	青海	7.4	广西	2.4	江西	4.2	吉林	3.4	湖北	5.2
河北	15.3	陕西	7.3	甘肃	2.4	浙江	2.8	海南	2.8	黑龙江	5.0
辽宁	14.5	安徽	7.0	江苏	2.1	河南	2.2	江西	2.5	陕西	4.6
福建	13.8	西藏	6.1	湖南	-0.1	海南	1.1	福建	2.4	湖南	2.8

续表

所属省份	2017 年	所属省份	2018 年	所属省份	2019 年	所属省份	2020 年	所属省份	2021 年	所属省份	五年平均
广西	13.7	河北	5.5	新疆	-0.4	江苏	0.1	浙江	2.0	上海	2.6
江西	12.1	北京	4.5	重庆	-0.5	四川	-0.2	天津	1.7	天津	2.5
湖北	11.0	江苏	0.7	上海	-0.9	山东	-0.7	河南	0.3	辽宁	2.2
四川	10.2	上海	-0.2	陕西	-1.8	上海	-1.4	内蒙古	0.2	江苏	1.0
海南	10.1	吉林	-9.2	内蒙古	-2.0	山西	-1.6	广东	-2.4	吉林	0.8
上海	9.9	湖南	-10.1	吉林	-2.8	陕西	-1.7	宁夏	-2.8	福建	0.7
浙江	8.6	辽宁	-13.6	北京	-5.6	西藏	-6.4	江苏	-5.2	北京	0.7
吉林	8.3	甘肃	-13.6	西藏	-7.8	贵州	-7.8	山东	-6.2	西藏	0.3
江苏	7.5	海南	-14.2	福建	-10.5	福建	-9.8	青海	-6.6	贵州	-0.5
山西	7.2	黑龙江	-18.7	海南	-11.2	北京	-11.0	河北	-7.4	青海	-1.6
黑龙江	6.2	宁夏	-21.2	宁夏	-11.2	青海	-11.5	北京	-8.9	海南	-2.3
天津	0.7	天津	-31.6	辽宁	-11.8	宁夏	-15.3	陕西	-10.0	宁夏	-4.9
内蒙古	-6.9	内蒙古	-39.5	青海	-13.3	内蒙古	-18.9	西藏	-14.2	甘肃	-7.0
甘肃	-40.3	新疆	-41.7	贵州	-15.5	湖北	-22.8	贵州	-15.5	内蒙古	-13.4

注：2017 年部分省份基础设施投资增速缺失，由相应的全社会固定资产投资增速补齐。

资料来源：根据 Wind 数据库的相关数据编制。

表 5-5　2017～2021 年各省份房地产投资增速

单位：%

所属省份	2017 年	所属省份	2018 年	所属省份	2019 年	所属省份	2020 年	所属省份	2021 年	所属省份	五年平均
安徽	21.9	西藏	129.4	西藏	38.8	西藏	27.7	湖北	25.2	西藏	33.0
广东	17.2	吉林	29.2	云南	27.8	新疆	17.4	新疆	19.1	湖南	13.0
湖南	15.9	浙江	20.9	贵州	27.3	贵州	14.3	甘肃	12.6	甘肃	12.5
海南	14.9	广东	19.3	广西	27.2	内蒙古	12.9	湖南	11.2	广东	11.3
河南	14.7	甘肃	18.2	山西	20.3	陕西	12.8	河北	9.2	浙江	10.7
江西	13.7	山西	18.0	内蒙古	17.8	四川	11.3	浙江	8.5	新疆	10.5
陕西	13.3	云南	16.5	青海	15.5	吉林	11.0	宁夏	7.8	云南	10.4
新疆	12.4	黑龙江	15.8	山东	15.4	上海	11.0	上海	7.2	陕西	10.2
广西	11.9	湖南	15.2	四川	15.3	山西	10.5	四川	7.1	贵州	9.9
甘肃	11.1	江苏	14.1	福建	14.9	湖南	9.8	江西	6.3	广西	9.8
浙江	10.1	陕西	13.9	湖南	12.7	山东	9.7	山西	6.3	安徽	9.7
辽宁	9.3	山东	13.8	甘肃	12.7	江苏	9.7	天津	6.2	山东	9.6
江苏	7.5	辽宁	13.5	吉林	12.5	广东	9.2	吉林	5.5	吉林	9.5
重庆	6.8	广西	11.9	安徽	11.7	云南	8.5	北京	5.1	江苏	8.6
湖北	6.5	四川	10.6	天津	11.0	甘肃	7.8	青海	5.0	四川	8.4
山东	5.0	天津	8.6	陕西	10.4	宁夏	7.5	内蒙古	4.9	湖北	7.8
福建	4.5	江西	8.0	广东	9.9	浙江	6.8	山东	3.9	江西	7.4

续表

所属省份	2017年	所属省份	2018年	所属省份	2019年	所属省份	2020年	所属省份	2021年	所属省份	五年平均
上海	4.0	重庆	6.8	江苏	9.3	江西	6.2	安徽	3.1	辽宁	6.8
云南	3.6	贵州	6.7	湖北	9.3	福建	6.2	福建	2.8	上海	6.3
青海	2.9	安徽	6.4	辽宁	8.6	河北	5.8	海南	2.8	福建	6.3
河北	2.7	北京	4.9	浙江	7.3	安徽	5.6	江苏	2.3	山西	5.6
贵州	2.4	上海	4.6	河南	6.4	辽宁	5.1	河南	1.2	河南	5.1
四川	-2.5	福建	3.0	上海	4.9	河南	4.3	广东	0.9	内蒙古	4.0
天津	-2.9	湖北	2.6	重庆	4.5	青海	3.7	陕西	0.8	天津	3.7
黑龙江	-5.7	新疆	-0.4	新疆	3.9	黑龙江	2.6	重庆	0.1	重庆	3.2
北京	-7.4	内蒙古	-0.8	江西	3.0	北京	2.6	贵州	-1.0	青海	2.6
宁夏	-10.3	河南	-1.1	黑龙江	1.4	广西	0.8	辽宁	-2.6	黑龙江	1.9
吉林	-10.5	河北	-7.2	北京	-1.0	海南	0.4	广西	-2.9	河北	1.8
内蒙古	-14.9	青海	-13.9	河北	-1.5	重庆	-2.0	云南	-4.3	北京	0.8
西藏	-16.9	海南	-16.5	宁夏	-10.2	湖北	-4.4	黑龙江	-4.8	海南	-4.1
山西	-27.0	宁夏	-31.1	海南	-22.1	天津	-4.4	西藏	-14.2	宁夏	-7.3

资料来源：根据 Wind 数据库的相关数据编制。

表 5-6　2017~2021 年各省份全社会固定资产投资和 GDP 指标相关系数

指标	GDP 平均增速	GDP 总量排名	全社会固定资产投资平均增速	制造业固定资产投资平均增速	基础设施投资平均增速	房地产投资平均增速
GDP 平均增速	1.000					
GDP 总量排名	-0.140	1.000				
全社会固定资产投资平均增速	0.547***	-0.514***	1.000			
制造业固定资产投资平均增速	0.601***	0.037	0.393**	1.000		
基础设施投资平均增速	0.294	-0.490***	0.703***	-0.034	1.000	
房地产投资平均增速	0.371**	-0.053	0.339*	0.294	0.181	1.000

注：***、**、*分别表示在 1%、5%、10%的水平上显著。

资料来源：根据 Wind 数据库的相关数据编制。

三、融资

（一）社会融资规模

如表 5-7 所示，2017~2022 年，社会融资规模五年平均增速较高的省份有西藏、青海、新疆、浙江、云南、山东、湖南、广西，五年平均增速都在 20%以上；社会融资规模五年平均增速较低的省份有辽宁、甘肃、天津、贵州、宁夏、河南、上海、河北，五年平均增速都在 10%以下。

表 5-7　2017~2021 年各省份社会融资规模增速

单位：%

所属省份	2017 年	所属省份	2018 年	所属省份	2019 年	所属省份	2020 年	所属省份	2021 年	所属省份	五年平均
青海	98.6	北京	115.4	青海	916.9	西藏	2017.3	青海	131.6	西藏	374.3
新疆	80.3	浙江	46.3	新疆	252.8	甘肃	64.2	内蒙古	112.8	青海	193.3
浙江	78.1	重庆	34.4	黑龙江	154.3	天津	57.3	海南	17.6	新疆	63.3
山西	75.0	广西	21.9	海南	144.9	新疆	54.6	上海	11.1	浙江	37.8
云南	72.8	江苏	16.1	吉林	96.4	四川	48.5	浙江	5.8	云南	25.2
陕西	68.6	河南	14.6	福建	59.7	山东	45.4	安徽	5.0	山东	21.9
宁夏	63.3	天津	10.2	宁夏	51.4	浙江	45.1	山东	3.6	湖南	20.9
湖南	44.9	四川	9.4	山东	49.9	陕西	41.7	江苏	2.5	广西	20.4
江西	38.0	云南	9.0	上海	49.9	江苏	39.4	新疆	1.2	山西	19.0
河北	31.9	山东	8.6	湖南	46.9	广东	39.4	四川	-0.2	陕西	18.7
广西	30.7	江西	8.3	河南	45.3	重庆	35.7	江西	-3.0	四川	17.6
黑龙江	23.4	福建	6.8	云南	43.5	广西	29.3	湖南	-3.0	江西	17.3
湖北	23.2	贵州	3.0	江苏	36.2	安徽	27.5	陕西	-3.2	重庆	17.1
安徽	12.0	广东	1.9	河北	35.4	江西	27.1	福建	-5.4	江苏	17.0
四川	11.1	山西	1.1	安徽	34.8	上海	26.3	湖北	-5.7	黑龙江	14.6
重庆	9.1	辽宁	-3.6	湖北	32.2	贵州	22.4	广东	-7.0	广东	13.7

续表

所属省份	2017 年	所属省份	2018 年	所属省份	2019 年	所属省份	2020 年	所属省份	2021 年	所属省份	五年平均
西藏	9.0	吉林	-3.7	广西	31.4	河北	21.9	北京	-8.0	北京	13.0
甘肃	6.4	湖南	-6.3	山西	30.3	湖南	21.8	广西	-11.1	湖北	12.0
广东	4.4	湖北	-9.3	广东	29.7	吉林	20.7	西藏	-12.2	福建	11.9
上海	2.5	甘肃	-18.9	贵州	28.7	湖北	19.5	重庆	-13.3	安徽	11.2
山东	2.2	内蒙古	-22.7	陕西	25.6	云南	19.2	河北	-13.5	海南	11.0
河南	-0.3	安徽	-23.5	重庆	19.4	福建	18.0	吉林	-15.1	吉林	10.9
内蒙古	-1.6	河北	-26.2	四川	19.4	北京	13.7	黑龙江	-16.7	内蒙古	10.7
贵州	-6.5	宁夏	-38.8	江西	16.1	山西	11.1	云南	-18.6	河北	9.9
江苏	-9.0	陕西	-39.3	浙江	13.7	宁夏	8.9	山西	-22.4	上海	7.8
辽宁	-16.1	西藏	-46.8	甘肃	4.2	海南	1.7	河南	-23.6	河南	7.5
福建	-19.7	黑龙江	-49.1	天津	-6.8	河南	1.3	天津	-29.4	宁夏	6.0
天津	-22.4	上海	-50.9	内蒙古	-8.3	内蒙古	-26.6	贵州	-30.2	贵州	3.5
北京	-38.6	海南	-54.5	北京	-17.7	黑龙江	-38.7	甘肃	-47.2	天津	1.8
吉林	-43.8	新疆	-72.5	辽宁	-22.5	辽宁	-55.5	宁夏	-55.0	甘肃	1.7
海南	-54.9	青海	-89.6	西藏	-95.7	青海	-90.8	辽宁	-178.2	辽宁	-55.2

资料来源：根据 Wind 数据库的相关数据编制。

分年来看，2017 年和 2020 年社会融资规模正增长的省份和增长幅度明显较其他年度高，而其他年度增长幅度较小或负增长的省份数量较多，最明显的是 2021 年，多数省份的社会融资规模处于负增长状态，当年社会融资规模增速较高的省份有青海、内蒙古、海南、上海，增速都在 10%以上；2021 年社会融资规模增速较低的省份有辽宁、宁夏、甘肃、贵州、天津、河南、山西，降幅都在 20%以上。

（二）人民币贷款余额增速

如表 5-8 所示，2017~2021 年人民币贷款余额五年平均增速较高的省份有内蒙古、浙江、陕西、上海、新疆、重庆、山东、山西，五年平均增速都在 15%以上；人民币贷款余额五年平均增速较低的省份有青海、西藏、辽宁、甘肃、天津、海南，这些省份的人民币贷款余额五年平均增速都处于负增长状态。

2021 年，人民币贷款余额增速较高的省份有内蒙古、黑龙江、上海、山西、甘肃、四川、新疆、江苏、山东，增速都在 10%以上；2021 年人民币贷款余额增速较低的省份有青海、辽宁、北京、西藏、天津、宁夏、湖南，降幅超过 10%。

如表 5-9 所示，通过对 2017~2021 年各省份的全社会投资与融资指标相关性分析可以发现：①各省份的社会融资规模平均增速与制造业固定资产投资平均增速、房地产投资平均增速相关度分别在 5%和 1%水平上显著，相关系数分别为 0.396 和 0.608；②各省份的公司债余额平均增速与基础设施平均增速、房地产投资平均增速相关度分别在 10%和 5%的水平上显著，相关系数分别为 0.304 和 0.441；③占社会融资规模比重最高的人民币贷款余额平均增速与投资指标没有显著相关关系，且与社会融资规模平均增速显著负相关。这些情况说明各省份的社会融资构成差异较大，

表 5-8　2017~2021 年各省份人民币贷款余额增速

单位:%

所属省份	2017 年	所属省份	2018 年	所属省份	2019 年	所属省份	2020 年	所属省份	2021 年	所属省份	五年平均
新疆	54.2	浙江	77.7	吉林	78.7	西藏	88.2	内蒙古	920.8	内蒙古	162.4
浙江	49.9	陕西	38.3	内蒙古	49.5	宁夏	55.8	黑龙江	67.1	浙江	33.5
上海	49.0	辽宁	38.2	重庆	34.9	新疆	47.0	上海	49.7	陕西	20.4
北京	33.7	广东	31.6	黑龙江	32.3	山东	38.3	山西	33.1	上海	19.3
重庆	28.7	广西	28.4	海南	28.4	安徽	36.5	甘肃	17.6	新疆	18.7
陕西	27.8	贵州	28.1	江苏	27.8	陕西	36.3	四川	12.2	重庆	16.9
山西	27.0	山东	23.4	湖南	25.2	浙江	36.0	新疆	11.2	山东	16.6
湖南	23.3	江苏	23.4	河南	24.1	河北	33.3	江苏	11.0	山西	15.5
宁夏	21.1	湖北	21.6	新疆	23.1	上海	32.5	山东	10.9	江苏	14.7
江西	18.0	吉林	21.3	福建	23.0	四川	30.1	云南	10.0	四川	14.7
四川	10.6	河南	16.2	安徽	22.7	湖北	27.9	陕西	7.3	广东	13.5
辽宁	9.0	江西	15.4	辽宁	20.4	广西	27.8	重庆	5.9	广西	13.4
青海	8.9	山西	15.2	山东	17.0	广东	24.5	福建	5.7	湖南	13.4
西藏	7.6	福建	13.8	云南	13.5	天津	22.6	海南	5.7	福建	12.1
贵州	7.0	重庆	13.3	广西	11.5	福建	22.2	浙江	0.4	云南	11.8
广东	6.7	云南	12.3	河北	11.5	北京	21.9	吉林	-2.1	江西	10.9

续表

所属省份	2017 年	所属省份	2018 年	所属省份	2019 年	所属省份	2020 年	所属省份	2021 年	所属省份	五年平均
河北	6.3	四川	11.8	广东	10.3	江苏	21.5	河北	-2.3	黑龙江	10.6
云南	6.2	湖南	8.0	江西	9.6	湖南	20.6	广西	-3.3	吉林	9.2
湖北	4.8	北京	5.1	四川	8.7	甘肃	20.6	贵州	-5.1	湖北	9.0
河南	3.2	安徽	0.8	浙江	3.3	江西	17.6	广东	-5.8	安徽	8.5
广西	2.6	甘肃	-4.1	湖北	-0.3	云南	17.0	江西	-6.2	河北	7.2
黑龙江	-0.3	天津	-12.6	山西	-0.7	贵州	8.7	安徽	-8.7	河南	6.0
天津	-2.4	河北	-13.0	天津	-3.8	吉林	5.7	河南	-8.7	贵州	5.9
福建	-4.0	上海	-18.7	陕西	-7.8	山西	2.7	湖北	-9.2	宁夏	2.7
内蒙古	-5.9	宁夏	-28.6	贵州	-9.4	海南	2.1	湖南	-10.2	北京	2.5
山东	-6.6	海南	-37.4	北京	-14.3	重庆	1.6	宁夏	-12.7	海南	-2.4
安徽	-8.6	新疆	-42.2	上海	-15.8	黑龙江	-3.8	天津	-18.6	天津	-2.9
江苏	-10.2	黑龙江	-42.2	宁夏	-22.1	河南	-4.5	西藏	-32.1	甘肃	-3.5
海南	-10.8	青海	-45.0	甘肃	-25.9	辽宁	-38.1	北京	-33.8	辽宁	-7.1
甘肃	-25.5	西藏	-48.4	西藏	-72.9	内蒙古	-81.3	辽宁	-65.2	西藏	-11.5
吉林	-57.8	内蒙古	-71.3	青海	-92.2	青海	-285.8	青海	-574.5	青海	-197.7

资料来源：根据 Wind 数据库的相关数据编制。

各省份的投资（特别是房地产和制造业固定资产投资）受公司债的融资影响较大。

表 5-9　2017~2021 年各省份全社会投资与融资指标平均值相关系数

指标	社会融资规模平均增速	人民币贷款余额平均增速	全社会固定资产投资平均增速	制造业固定资产投资平均增速	基础设施投资平均增速	房地产投资平均增速	公司债余额平均增速
社会融资规模平均增速	1.000						
人民币贷款余额平均增速	-0.394**	1.000					
全社会固定资产投资平均增速	-0.014	-0.023	1.000				
制造业固定资产投资平均增速	0.396**	-0.061	0.393**	1.000			
基础设施投资平均增速	-0.190	-0.117	0.703***	-0.034	1.000		
房地产投资平均增速	0.608***	0.038	0.339*	0.294	0.181	1.000	
公司债余额平均增速	0.096	0.090	0.286	0.114	0.304*	0.441**	1.000

注：***、**、* 分别表示在 1%、5%、10%的水平上显著。

资料来源：根据 Wind 数据库的相关数据编制。

第二节　各省份的上市公司盈利状况

一、盈利增长状况

（一）营业收入

如表5-10所示，2017~2021年，上市公司营业收入五年平均增速较高的省份有福建、陕西、广西、河南、浙江、江西、内蒙古、重庆、广东。营业收入五年平均增速排名靠前的省份虽然地域分布比较分散，但基本上是经济增速靠前、全社会固定资产投资增速较高或资源丰富的地区。2017~2021年，营业收入五年平均增速较低的省份有宁夏、海南、河北、上海、吉林、青海、黑龙江、辽宁、湖北，五年平均增速在10%以下。

2017~2021年，营业收入增速波动显著的省份有山东、宁夏、广西、河北、江西、吉林、安徽、新疆、天津、福建，其中宁夏、江西、安徽、天津上升明显，山东、广西、河北、吉林、新疆、福建下降明显。

2021年上市公司营业收入增速排名前三位的省份分别是陕西、广西、山西，营业收入增速分别为46.7%、35.2%、35.1%；2021年上市公司营业收入增速排名后三位的省份分别是河北、新疆、山东，营业收入增速分别为3.3%、4.1%、9.7%。

表 5-10　2017~2021 年各省份上市公司营业收入增速

单位：%

所属省份	2017 年	所属省份	2018 年	所属省份	2019 年	所属省份	2020 年	所属省份	2021 年	所属省份	五年平均
广西	53.3	新疆	25.7	海南	36.6	江西	26.8	陕西	46.7	福建	27.6
福建	42.7	广西	25.0	陕西	19.4	福建	24.7	广西	35.2	陕西	27.4
陕西	36.7	福建	23.2	重庆	19.1	陕西	23.4	山西	35.1	广西	24.6
内蒙古	36.1	西藏	22.3	四川	16.8	河南	17.2	河南	33.2	河南	20.0
山东	30.3	浙江	18.8	河南	15.6	湖南	11.9	江西	32.4	浙江	18.9
甘肃	29.2	安徽	17.5	福建	15.5	重庆	11.1	福建	31.7	江西	18.4
湖南	29.1	黑龙江	17.4	西藏	13.8	新疆	10.6	浙江	31.5	内蒙古	17.8
山西	29.0	内蒙古	16.3	新疆	12.3	海南	10.4	甘肃	29.6	重庆	17.5
吉林	27.2	贵州	14.7	湖南	11.4	西藏	10.3	内蒙古	28.9	广东	15.0
浙江	25.8	广东	13.9	山东	10.9	四川	9.7	天津	28.3	山西	14.7
北京	25.2	四川	12.9	天津	10.9	山东	9.2	北京	26.6	北京	14.5
广东	25.1	山东	12.0	浙江	10.1	浙江	8.3	重庆	24.3	湖南	14.5
重庆	23.8	河北	11.8	云南	9.9	广东	8.1	广东	22.3	山东	14.4
江苏	23.1	甘肃	11.5	江苏	9.9	云南	7.8	湖南	21.8	新疆	14.4
河南	22.8	青海	11.4	安徽	9.8	安徽	7.2	青海	18.5	四川	14.2
贵州	21.6	云南	11.1	江西	9.5	内蒙古	5.3	湖北	18.3	西藏	13.7

续表

所属省份	2017 年	所属省份	2018 年	所属省份	2019 年	所属省份	2020 年	所属省份	2021 年	所属省份	五年平均
河北	21.1	河南	11.1	吉林	9.0	江苏	4.9	安徽	17.9	江苏	12.8
辽宁	20.1	上海	11.0	北京	8.7	北京	2.6	云南	17.2	天津	11.5
新疆	19.3	陕西	11.0	贵州	8.6	广西	2.2	黑龙江	16.3	甘肃	11.2
湖北	17.9	辽宁	10.6	广西	7.4	贵州	-0.6	江苏	16.1	贵州	11.2
黑龙江	16.6	山西	10.3	广东	5.8	山西	-1.1	四川	16.1	云南	11.1
四川	15.9	江苏	10.3	青海	5.1	湖北	-1.3	西藏	14.9	安徽	11.0
江西	15.1	北京	9.6	上海	5.0	黑龙江	-1.5	辽宁	14.7	湖北	9.6
天津	14.5	湖北	9.6	湖北	3.4	辽宁	-2.0	上海	12.4	辽宁	9.1
上海	12.6	重庆	9.4	内蒙古	2.7	青海	-3.2	宁夏	11.6	黑龙江	8.7
云南	9.5	天津	8.8	辽宁	2.2	河北	-3.3	贵州	11.5	青海	8.1
青海	8.6	江西	8.1	河北	1.7	上海	-5.2	吉林	11.3	吉林	7.7
西藏	7.3	湖南	-1.7	甘肃	0.9	天津	-5.3	海南	10.5	上海	7.1
海南	3.3	吉林	-3.2	山西	0.2	吉林	-5.6	山东	9.7	河北	6.9
安徽	2.4	宁夏	-6.8	黑龙江	-5.2	甘肃	-15.1	新疆	4.1	海南	5.9
宁夏	-6.7	海南	-31.4	宁夏	-8.4	宁夏	-22.5	河北	3.3	宁夏	-6.5

资料来源：笔者根据样本上市公司数据编制。

（二）核心利润

如表 5-11 所示，2017～2021 年，上市公司核心利润五年平均增速较高的省份有山西、甘肃、云南、陕西、青海、内蒙古、广西、新疆，核心利润五年平均增速排名靠前的省份矿产资源相对丰富。核心利润五年平均增速较低的省份有海南、黑龙江、河北、上海、辽宁。与营业收入增速排名分布不同，核心利润增速排名具有明显的资源型特点，排名的高低与资源价格的波动有密切的关系。

2021 年，上市公司核心利润增速排名前三位的省份分别是山西、黑龙江、新疆，增速分别为 244.4%、234.1%、161.8%，以资源型省份为主；2021 年上市公司核心利润增速排名后三位的省份分别是河北、江西、广东。

二、盈利能力状况

（一）总资产报酬率

如表 5-12 所示，2017～2021 年，上市公司五年平均总资产报酬率排名靠前的省份有贵州、陕西、安徽、西藏、四川、内蒙古、山东、河南、江西、浙江，五年平均总资产报酬率在 5%及以上。五年平均总资产报酬率排名靠前的省份的分布和营业收入增速排名靠前的省份具有一定的相似性，主要分布在资源丰富、GDP 增速排名靠前、经济增速排名靠前的地区；五年平均总资产报酬率排名居于中间的省份有甘肃、山西、湖北、江苏、广东、福建、湖南、青海、云南、广西，五年平均总资产报酬率在 3.5%以上；五年平均总资产报酬率处于较低水平的省份有海南、宁夏、黑龙江、上海、河北、北京、天津、辽宁、吉林、重庆、新疆，总资产报酬率较低的省份主要位于东北地区和环渤海。上海和北京五年平均总资产报酬率较低与这两市主要上市公司产业结构相对老化有关。

2017~2021 年，总资产报酬率波动显著的省份有青海、山西、内蒙古、宁夏、江西、河北、吉林、甘肃，其中青海、山西、内蒙古、宁夏的总资产报酬率上升明显，江西、河北、吉林、甘肃的总资产报酬率下降明显。

2021 年，总资产报酬率较高的省份有贵州、陕西、青海、山西、内蒙古、安徽、西藏、河南、山东、四川，总资产报酬率在 6%以上，居于中间的省份有新疆、云南、浙江、湖北、天津、湖南、甘肃、江苏、重庆、福建、广东；总资产报酬率处于较低水平的省份有海南、河北、黑龙江、上海、宁夏、辽宁、吉林、广西、江西、北京，总资产报酬率低于 3.5%。

（二）净资产收益率

如表 5-13 所示，2017~2021 年，上市公司五年平均净资产收益率较高的省份有贵州、陕西、西藏、安徽、内蒙古、山东、四川、广东、河南、重庆，五年平均净资产收益率在 10%以上；五年平均净资产收益率居于中间的省份有浙江、上海、山西、江苏、湖北、福建、广西、云南、江西、甘肃、新疆，五年平均净资产收益率在 7.5%以上，五年平均净资产收益率处于较低水平的省份有青海、宁夏、海南、黑龙江、天津、辽宁、北京、吉林、河北、湖南，上市公司净资产收益率处于较低水平的省份主要位于东北、京津冀等地区。

2017~2021 年，上市公司净资产收益率波动显著的省份有青海、山西、陕西、内蒙古、河北、江西、上海、广东，其中青海、山西、陕西、内蒙古的上市公司净资产收益率上升明显，上市公司净资产收益率下降明显的省份有河北、江西、上海、广东。

表 5-11　2017~2021 年各省份上市公司核心利润增速

单位:%

所属省份	2017 年	所属省份	2018 年	所属省份	2019 年	所属省份	2020 年	所属省份	2021 年	所属省份	五年平均
山西	325. 2	安徽	53. 8	青海	107. 4	宁夏	142. 2	山西	244. 4	山西	116. 5
甘肃	288. 4	广西	32. 9	海南	53. 0	河南	92. 0	黑龙江	234. 1	甘肃	73. 7
云南	229. 8	重庆	31. 1	四川	23. 9	青海	80. 4	新疆	161. 8	云南	64. 5
广西	157. 4	山西	29. 2	陕西	21. 2	湖南	42. 5	甘肃	151. 2	陕西	52. 3
陕西	154. 7	湖北	28. 6	贵州	15. 9	海南	41. 8	青海	128. 3	青海	50. 7
吉林	104. 5	四川	27. 3	天津	15. 4	江西	38. 8	内蒙古	126. 0	内蒙古	43. 3
内蒙古	94. 6	福建	27. 3	宁夏	14. 6	浙江	16. 6	天津	109. 3	广西	37. 8
湖南	91. 7	河北	26. 0	重庆	13. 8	新疆	11. 9	陕西	85. 6	新疆	36. 9
江西	78. 4	贵州	24. 8	安徽	10. 8	贵州	10. 1	宁夏	67. 7	湖南	33. 8
宁夏	66. 9	湖南	23. 3	河北	10. 4	江苏	9. 3	云南	64. 4	宁夏	33. 4
河南	56. 5	甘肃	18. 2	广东	9. 3	云南	8. 6	山东	50. 0	河南	29. 1
山东	56. 1	江苏	17. 8	湖南	7. 9	重庆	8. 4	北京	48. 2	重庆	26. 6
辽宁	46. 9	云南	14. 7	北京	7. 2	福建	8. 3	西藏	45. 7	天津	22. 5
贵州	44. 3	广东	13. 8	浙江	5. 6	陕西	8. 2	重庆	41. 4	山东	22. 2
福建	40. 6	新疆	11. 7	云南	4. 8	四川	7. 5	湖北	36. 8	四川	21. 8
安徽	40. 3	内蒙古	10. 3	吉林	2. 9	内蒙古	6. 7	辽宁	28. 6	贵州	21. 0

续表

所属省份	2017 年	所属省份	2018 年	所属省份	2019 年	所属省份	2020 年	所属省份	2021 年	所属省份	五年平均
北京	40.2	上海	10.0	河南	1.4	广东	2.9	吉林	24.9	安徽	20.9
重庆	38.5	浙江	9.9	江苏	0.5	山东	1.7	浙江	22.2	湖北	17.8
湖北	35.3	山东	5.4	山东	-2.3	安徽	0.2	四川	17.1	北京	16.5
新疆	34.1	江西	5.2	福建	-3.1	湖北	-4.4	广西	14.9	福建	16.3
四川	33.3	黑龙江	3.0	西藏	-5.3	山西	-7.5	海南	13.2	吉林	14.8
西藏	29.8	西藏	2.4	上海	-6.7	广西	-8.9	河南	10.4	浙江	13.9
江苏	22.0	天津	-1.6	广西	-7.4	北京	-11.0	贵州	9.8	江西	13.1
广东	17.4	北京	-2.3	湖北	-7.4	西藏	-14.3	福建	8.4	西藏	11.7
上海	17.3	陕西	-8.0	山西	-9.0	天津	-16.0	江苏	4.8	江苏	10.9
浙江	15.3	辽宁	-9.4	辽宁	-9.5	河北	-16.1	湖南	3.8	广东	7.3
河北	7.6	河南	-14.8	江西	-16.8	上海	-18.5	安徽	-0.8	辽宁	5.7
天津	5.4	吉林	-36.4	内蒙古	-21.2	吉林	-22.1	上海	-2.9	上海	-0.2
黑龙江	1.6	青海	-44.1	新疆	-35.1	辽宁	-28.3	广东	-7.0	河北	-14.4
青海	-18.3	宁夏	-124.5	甘肃	-38.8	甘肃	-50.5	江西	-39.9	黑龙江	-24.7
海南	-40.9	海南	-271.6	黑龙江	-113.3	黑龙江	-248.9	河北	-99.8	海南	-40.9

资料来源：笔者根据样本上市公司数据编制。

表 5-12　2017~2021 年各省份上市公司总资产报酬率

单位:%

所属省份	2017 年	所属省份	2018 年	所属省份	2019 年	所属省份	2020 年	所属省份	2021 年	所属省份	五年平均
贵州	14.2	贵州	15.3	贵州	16.1	贵州	15.6	贵州	15.0	贵州	15.2
陕西	9.1	安徽	9.1	安徽	9.2	安徽	8.3	陕西	11.7	陕西	8.7
西藏	8.2	西藏	7.5	陕西	7.9	陕西	7.4	青海	10.2	安徽	8.0
江西	6.9	陕西	7.2	西藏	6.4	河南	6.8	山西	9.5	西藏	6.8
安徽	6.3	甘肃	6.8	四川	6.3	江西	5.8	内蒙古	8.8	四川	6.0
甘肃	6.3	江西	6.4	山东	5.1	四川	5.8	安徽	7.3	内蒙古	5.6
山东	6.0	四川	6.0	江西	4.8	西藏	5.0	西藏	6.9	山东	5.5
河南	5.6	山东	5.6	浙江	4.7	湖南	4.9	河南	6.5	河南	5.5
四川	5.6	内蒙古	5.5	广东	4.5	浙江	4.9	山东	6.3	江西	5.4
内蒙古	5.4	福建	5.1	湖北	4.3	山东	4.7	四川	6.1	浙江	5.0
浙江	5.3	湖北	5.0	福建	4.2	青海	4.6	新疆	5.6	甘肃	4.6
吉林	5.2	浙江	5.0	江苏	4.2	广东	4.2	云南	5.2	山西	4.5
广东	4.9	广西	4.9	河北	4.1	内蒙古	4.2	浙江	5.2	湖北	4.5
江苏	4.9	江苏	4.9	河南	4.1	江苏	4.1	湖北	4.9	江苏	4.4
福建	4.8	广东	4.6	内蒙古	4.1	福建	3.8	天津	4.6	广东	4.3
湖北	4.4	河南	4.4	甘肃	4.0	湖北	3.8	湖南	4.5	福建	4.3

续表

所属省份	2017年	所属省份	2018年	所属省份	2019年	所属省份	2020年	所属省份	2021年	所属省份	五年平均
广西	4.2	河北	4.0	广西	3.8	云南	3.4	甘肃	4.2	湖南	4.0
辽宁	4.2	湖南	3.7	湖南	3.8	河北	3.2	江苏	4.0	青海	3.9
河北	3.6	山西	3.7	云南	3.4	重庆	3.0	重庆	3.9	云南	3.8
新疆	3.6	新疆	3.7	山西	3.3	广西	2.9	福建	3.5	广西	3.7
重庆	3.5	云南	3.6	重庆	3.3	山西	2.9	广东	3.5	新疆	3.5
北京	3.4	重庆	3.6	辽宁	3.1	北京	2.4	北京	3.4	重庆	3.5
云南	3.4	辽宁	3.5	吉林	3.0	吉林	2.4	江西	3.0	吉林	3.3
湖南	3.2	吉林	3.1	北京	2.9	天津	2.4	广西	2.9	辽宁	3.1
山西	3.1	上海	3.1	天津	2.9	新疆	2.3	吉林	2.9	天津	3.1
上海	3.1	北京	2.9	上海	2.6	辽宁	2.2	辽宁	2.7	北京	3.0
天津	2.9	天津	2.6	新疆	2.2	上海	1.9	宁夏	1.7	河北	3.0
黑龙江	2.3	黑龙江	2.2	青海	2.1	甘肃	1.8	上海	1.7	上海	2.5
青海	1.6	青海	0.9	黑龙江	-0.3	宁夏	1.1	黑龙江	1.2	黑龙江	0.9
海南	-1.0	宁夏	-2.4	海南	-1.9	黑龙江	-1.0	河北	0	宁夏	-0.6
宁夏	-1.0	海南	-4.0	宁夏	-2.4	海南	-1.1	海南	-1.0	海南	-1.8

资料来源：笔者根据样本上市公司数据编制。

表 5-13　2017~2021 年各省份上市公司净资产收益率

单位：%

所属省份	2017 年	所属省份	2018 年	所属省份	2019 年	所属省份	2020 年	所属省份	2021 年	所属省份	五年平均
贵州	23.6	贵州	23.7	贵州	24.0	贵州	24.3	陕西	20.8	贵州	23.0
西藏	15.6	西藏	13.9	陕西	15.0	陕西	16.3	贵州	19.5	陕西	15.7
广东	13.3	安徽	13.7	安徽	12.9	河南	13.2	青海	17.8	西藏	13.1
陕西	13.2	甘肃	13.4	西藏	12.3	安徽	12.9	山西	17.8	安徽	12.5
上海	12.4	陕西	13.1	四川	12.0	广东	11.4	内蒙古	17.1	内蒙古	11.1
山东	11.8	上海	11.1	广东	10.7	四川	11.3	西藏	13.2	山东	11.0
重庆	11.4	山东	10.9	河北	10.3	重庆	11.0	山东	12.6	四川	10.9
安徽	11.1	江西	10.5	山东	9.9	浙江	10.8	河南	12.0	广东	10.7
甘肃	10.8	内蒙古	10.5	上海	9.8	西藏	10.3	安徽	11.8	河南	10.3
四川	10.8	重庆	10.4	广西	9.2	山东	9.7	新疆	11.7	重庆	10.1
吉林	10.5	四川	10.3	浙江	8.7	江苏	9.6	浙江	10.9	浙江	9.7
内蒙古	10.5	广东	10.1	重庆	8.5	江西	9.2	四川	10.2	上海	9.6
河南	10.4	河北	10.0	湖北	8.4	内蒙古	9.2	重庆	9.2	山西	9.5
江苏	10.3	湖北	9.9	内蒙古	8.4	湖南	8.9	湖北	8.7	江苏	8.9
福建	10.1	云南	9.3	河南	8.3	福建	8.5	天津	8.6	湖北	8.7
浙江	10.0	江苏	9.1	云南	8.2	云南	8.4	广东	8.0	福建	8.6

续表

所属省份	2017 年	所属省份	2018 年	所属省份	2019 年	所属省份	2020 年	所属省份	2021 年	所属省份	五年平均
江西	9.7	福建	8.9	福建	7.9	山西	8.3	湖南	8.0	广西	8.4
河北	9.6	广西	8.9	江苏	7.8	上海	7.6	江苏	7.8	云南	8.3
广西	9.5	山西	8.3	甘肃	7.5	广西	7.4	云南	7.8	江西	8.1
湖北	9.4	浙江	8.2	江西	7.4	湖北	7.2	福建	7.7	甘肃	8.1
湖南	9.0	新疆	8.0	山西	6.4	河北	6.8	甘肃	7.1	新疆	7.9
辽宁	9.0	河南	7.8	湖南	6.3	吉林	6.5	广西	6.9	湖南	7.5
新疆	8.3	吉林	6.4	新疆	5.6	新疆	5.9	上海	6.9	河北	6.3
云南	8.0	天津	5.6	北京	4.9	青海	5.7	吉林	6.3	吉林	6.2
北京	7.7	湖南	5.5	辽宁	4.6	北京	3.9	北京	5.4	北京	5.4
天津	6.8	黑龙江	5.2	天津	4.1	宁夏	3.5	辽宁	4.9	辽宁	5.1
山西	6.6	北京	4.9	吉林	1.2	辽宁	3.2	江西	3.8	天津	5.0
黑龙江	6.2	辽宁	3.6	海南	-0.3	甘肃	1.5	宁夏	1.9	黑龙江	1.0
宁夏	2.6	青海	-10.2	黑龙江	-8.0	黑龙江	0.4	黑龙江	1.4	海南	-5.0
海南	-1.5	海南	-15.7	宁夏	-26.0	天津	-0.2	海南	-0.8	宁夏	-8.8
青海	-3.3	宁夏	-26.2	青海	-130.9	海南	-6.9	河北	-5.0	青海	-24.2

资料来源：笔者根据样本上市公司数据编制。

2021 年，上市公司净资产收益率较高的省份有陕西、贵州、青海、山西、内蒙古、西藏、山东、河南、安徽、新疆，净资产收益率在 11%以上；上市公司净资产收益率居于中间的省份有浙江、四川、重庆、湖北、天津、广东、湖南、江苏、云南、福建、甘肃、广西、上海、吉林、北京，净资产收益率在 5%以上；上市公司净资产收益率处于较低水平的省份有河北、海南、黑龙江、宁夏、江西、辽宁。

三、相关性分析

如表 5-14 所示，对各省份平均盈利指标和宏观指标进行相关性分析，可以发现各省份上市公司盈利指标与 GDP 平均增速、全社会固定资产投资平均增速总体正相关。其中，营业收入平均增速与全社会固定资产投资平均增速的相关系数为 0. 440，在 5%的水平上显著；总资产报酬率平均值、净资产收益率平均值与 GDP 平均增速的相关系数分别为 0. 413 和 0. 312，分别在 5%和 10%的水平上显著；总资产报酬率平均值、净资产收益率平均值与全社会固定资产投资平均增速的相关系数分别为 0. 329 和 0. 425，分别在 10%和 5%的水平上显著。各省份上市公司盈利指标与 GDP 总量排名负相关。其中，营业收入平均增速与 GDP 总量排名的相关系数为-0. 385，在 5%的水平上显著；净资产收益率平均值与 GDP 总量排名的相关系数为-0. 423，在 5%的水平上显著。这与上市公司盈利的资源型特点有关。

表 5-14　2017~2021 年各省份上市公司盈利指标与主要宏观指标相关系数

指标	营业收入平均增速	核心利润平均增速	总资产报酬率平均值	净资产收益率平均值	GDP 总量排名	GDP 平均增速	全社会固定资产投资平均增速
营业收入平均增速	1. 000						

续表

指标	营业收入平均增速	核心利润平均增速	总资产报酬率平均值	净资产收益率平均值	GDP 总量排名	GDP 平均增速	全社会固定资产投资平均增速
核心利润平均增速	0. 276	1. 000					
总资产报酬率平均值	0. 403 **	0. 151	1. 000				
净资产收益率平均值	0. 493 ***	0. 019	0. 653 ***	1. 000			
GDP 总量排名	-0. 385 **	0. 241	-0. 176	-0. 423 **	1. 000		
GDP 平均增速	0. 170	0. 066	0. 413 **	0. 312 *	-0. 140	1. 000	
全社会固定资产投资平均增速	0. 440 **	0. 018	0. 329 *	0. 425 **	-0. 514 ***	0. 547 ***	1. 000

注：***、**、*分别表示在1%、5%、10%的水平上显著。
资料来源：笔者根据样本上市公司数据编制。

四、小结

2017~2021年，上市公司资产回报率较高的省份主要分布在经济增速靠前或固定资产投资增速靠前或矿产资源丰富的地区。2017~2021年，特别是安徽、四川、西藏、贵州的GDP五年平均增速和上市公司的五年平均资产回报率均排名靠前；上市公司五年平均盈利增长和资产回报率低于3.5%的省份除海南、上海外，主要分布在东北全域及华北地区、西北地区的个别省份。此外，值得关注的是，北京和上海在未包括2017~2021年成长性较好的科创板公司的情况下，其主要上市公司的五年平均盈利增长和资产回报率都处于较低水平。

第三节　各省份的上市公司投资、融资状况

一、投资及资产结构

（一）投资状况分析

（1）固定资产投资。如表 5-15 所示，2017~2021 年，上市公司固定资产投资五年平均增速较高的省份有河南、广西、陕西、江西、浙江、云南、四川，固定资产投资五年平均增速在 20%以上。固定资产投资五年平均增速较低的省份有山西、青海、内蒙古、海南、吉林、河北、辽宁，固定资产投资五年平均增速在 7%以下。各省份上市公司固定资产投资增速的大小与盈利增长和投资回报率具有显著的正相关关系，与盈利增长分省份分布不同的是，一些资源丰富的省份固定资产投资增速分布两极化现象较为严重。

2017~2021 年，固定资产投资增速波动显著的省份有广西、陕西、宁夏、江西、安徽、内蒙古、新疆、重庆、河南、甘肃、四川，其中安徽、内蒙古、新疆、重庆、甘肃的固定资产投资增速上升明显，广西、陕西、宁夏、江西、河南、四川的固定资产投资增速下降明显。

表 5-15　2017~2021 年各省份上市公司固定资产投资增速

单位：%

所属省份	2017 年	所属省份	2018 年	所属省份	2019 年	所属省份	2020 年	所属省份	2021 年	所属省份	五年平均
陕西	97.7	云南	90.2	新疆	55.5	河南	116.2	湖北	53.3	河南	36.1
广西	75.8	广西	44.1	河南	51.2	广西	53.0	云南	43.8	广西	29.3
江西	50.1	浙江	42.5	宁夏	43.7	青海	50.6	甘肃	42.7	陕西	28.7
湖北	43.5	天津	37.3	四川	31.5	四川	45.3	重庆	42.1	江西	24.4
天津	41.4	上海	37.1	安徽	22.9	江西	38.2	黑龙江	42.0	浙江	22.9
贵州	35.9	西藏	34.8	贵州	20.9	广东	24.6	安徽	37.6	云南	22.4
山东	35.7	江西	34.2	陕西	20.7	浙江	23.5	新疆	28.1	四川	21.0
江苏	34.6	重庆	32.9	重庆	20.4	甘肃	23.3	湖南	25.6	湖北	19.1
北京	27.0	宁夏	31.8	内蒙古	19.9	陕西	21.8	浙江	22.1	天津	18.4
黑龙江	25.8	内蒙古	30.6	西藏	15.1	黑龙江	19.5	上海	18.4	重庆	17.3
吉林	25.4	海南	28.5	甘肃	6.5	辽宁	16.7	福建	17.4	广东	16.9
浙江	24.3	湖南	22.3	江苏	5.3	海南	14.7	天津	14.8	贵州	16.6
福建	24.0	广东	22.1	福建	5.1	河北	13.6	贵州	14.6	甘肃	16.3
广东	23.1	四川	21.5	广西	4.0	湖南	12.5	广东	13.6	安徽	14.5
宁夏	22.6	新疆	19.3	山东	2.2	安徽	12.1	江苏	12.1	新疆	14.2
湖南	22.3	北京	17.8	浙江	2.0	福建	11.3	辽宁	10.5	福建	14.1

续表

所属省份	2017 年	所属省份	2018 年	所属省份	2019 年	所属省份	2020 年	所属省份	2021 年	所属省份	五年平均
河南	21.6	山东	13.8	天津	1.3	贵州	9.2	陕西	10.5	山东	13.9
河北	17.6	福建	12.5	江西	1.1	山东	8.8	山东	9.2	湖南	13.6
云南	17.5	湖北	12.2	广东	0.9	山西	2.1	吉林	6.5	江苏	11.9
四川	17.2	辽宁	7.0	辽宁	0.4	江苏	0.7	北京	4.7	上海	9.6
西藏	15.5	江苏	6.6	上海	-1.9	天津	-2.9	内蒙古	2.7	西藏	9.0
甘肃	14.9	青海	4.3	北京	-3.9	湖北	-4.8	江西	-1.4	黑龙江	9.0
上海	12.1	河北	3.9	吉林	-5.2	吉林	-5.2	河北	-4.4	宁夏	8.6
重庆	10.7	安徽	3.7	河北	-6.3	北京	-9.8	西藏	-5.9	北京	7.2
海南	0.8	贵州	2.3	山西	-8.3	宁夏	-10.7	河南	-7.4	辽宁	5.3
安徽	-3.8	河南	-1.1	湖北	-8.9	内蒙古	-11.5	四川	-10.3	河北	4.9
新疆	-5.2	甘肃	-6.1	黑龙江	-13.1	西藏	-14.3	海南	-19.1	吉林	1.9
辽宁	-8.0	陕西	-7.3	湖南	-14.7	云南	-16.8	山西	-22.8	海南	1.7
山西	-8.4	吉林	-11.8	海南	-16.4	上海	-17.8	青海	-23.8	内蒙古	1.0
青海	-16.2	山西	-15.7	云南	-22.8	重庆	-19.6	广西	-30.3	青海	-3.2
内蒙古	-36.8	黑龙江	-29.2	青海	-31.0	新疆	-26.7	宁夏	-44.6	山西	-10.6

资料来源：笔者根据样本上市公司数据编制。

2021 年，上市公司固定资产投资增速排名前三位的省份分别是湖北、云南、甘肃，固定资产投资增速分别为 53.3%、43.8%、42.7%；固定资产投资增速排名后三位的省份分别是宁夏、广西、青海，固定资产投资增速分别为-44.6%、-30.3%、-23.8%。

（2）存货投资。如表 5-16 所示，2017~2021 年，上市公司存货投资五年平均增速较高的省份主要有陕西、福建、广西、浙江、西藏、河南，存货投资五年平均增速在 20%以上；上市公司存货投资五年平均增速较低的省份有宁夏、贵州、河北、天津、青海、上海，存货投资五年平均增速在 6%以下。2021 年，上市公司存货投资增速较高的省份有陕西、福建、浙江，存货投资增速在 35%以上，存货投资增速较低的省份有新疆、河北、贵州，存货投资增速在 3%以下。

（二）相关性分析

如表 5-17 所示，从微观指标来看，各省份上市公司投资增速与盈利增速正相关。其中，固定资产投资平均增速与营业收入平均增速的相关系数为 0.509，与净资产平均收益率的相关系数为 0.438，分别在 1%和 5%的水平上显著；存货投资平均增速与营业收入平均增速的相关系数为 0.802，与净资产平均收益率的相关系数为 0.442，分别在 1%和 5%的水平上显著。这表明了上市公司主要根据业绩增长情况进行资产投资决策。

如表 5-18 所示，从宏观指标来看，各省份上市公司固定资产投资平均增速与各省份全社会固定资产投资平均增速和基础设施投资平均增速显著正相关，与该省份的 GDP 总量排名负相关。一方面，上市公司固定资产投资平均增速与全社会固定资产投资平均增速的相关系数为 0.462，与基础设施投资平均增速的相关系数为 0.538，且均在 1%的水平上显著；固定资产投资平均增速与 GDP 总量排名的相关系数为-0.410，在 5%的水平上

表 5-16　2017~2021 年各省份上市公司存货投资增速

单位:%

所属省份	2017 年	所属省份	2018 年	所属省份	2019 年	所属省份	2020 年	所属省份	2021 年	所属省份	五年平均
重庆	59.1	新疆	40.3	海南	40.0	陕西	36.4	陕西	46.2	陕西	31.9
广西	55.4	浙江	24.3	河南	25.4	江西	34.1	福建	37.6	福建	29.9
福建	47.9	广西	22.8	广西	22.6	西藏	32.5	浙江	37.1	广西	25.4
西藏	42.1	陕西	21.5	陕西	22.4	福建	26.7	河南	34.2	浙江	22.6
内蒙古	39.1	山西	20.3	江西	21.5	河南	21.9	江西	29.0	西藏	22.6
甘肃	37.2	西藏	17.5	福建	20.6	海南	21.8	广西	28.8	河南	22.0
浙江	33.7	福建	16.9	四川	18.0	湖南	16.6	广东	27.8	重庆	18.9
北京	33.7	黑龙江	16.5	内蒙古	15.6	四川	13.4	安徽	26.4	江西	18.7
陕西	32.9	四川	14.3	重庆	15.0	新疆	11.7	甘肃	22.9	新疆	17.2
广东	30.6	内蒙古	14.2	山东	13.7	安徽	11.3	吉林	22.4	内蒙古	16.7
湖南	30.6	河南	13.3	西藏	10.8	浙江	10.6	北京	21.2	广东	16.4
江苏	30.1	安徽	12.6	新疆	10.3	广东	9.0	湖南	17.1	山东	14.5
山东	27.9	广东	12.1	云南	9.7	山东	7.4	山西	17.1	北京	13.9
新疆	25.1	山东	11.4	安徽	7.7	云南	6.8	辽宁	16.6	安徽	13.1
辽宁	21.4	吉林	11.4	浙江	7.5	北京	6.4	云南	15.5	四川	13.0
黑龙江	18.3	辽宁	11.2	湖南	7.0	吉林	6.1	江苏	14.7	吉林	12.8

续表

所属省份	2017 年	所属省份	2018 年	所属省份	2019 年	所属省份	2020 年	所属省份	2021 年	所属省份	五年平均
湖北	17.9	湖北	11.2	河北	6.3	重庆	4.3	上海	12.4	湖南	12.6
吉林	17.7	云南	11.0	吉林	6.2	山西	3.6	山东	12.1	江苏	12.3
海南	15.8	江苏	10.7	黑龙江	4.9	内蒙古	2.8	湖北	12.1	山西	11.9
河南	15.2	上海	10.6	山西	4.7	江苏	2.2	内蒙古	11.8	甘肃	10.3
四川	13.8	重庆	10.2	北京	4.5	黑龙江	2.2	西藏	10.0	云南	10.3
青海	13.8	甘肃	5.3	江苏	4.0	辽宁	-0.4	青海	9.7	黑龙江	10.2
山西	13.6	江西	4.4	广东	2.7	上海	-0.8	黑龙江	9.2	海南	10.2
天津	13.6	北京	3.5	甘肃	0.7	广西	-2.4	海南	8.2	辽宁	9.2
河北	12.3	天津	1.7	天津	0.7	青海	-3.5	天津	7.2	湖北	6.8
上海	9.5	青海	1.6	湖北	0.1	贵州	-5.9	重庆	5.9	上海	5.2
云南	8.6	贵州	0.7	青海	-2.3	天津	-6.9	宁夏	5.9	青海	3.9
安徽	7.7	河北	0.2	辽宁	-2.6	湖北	-7.3	四川	5.5	天津	3.3
江西	4.7	宁夏	-5.5	贵州	-4.8	河北	-8.8	贵州	2.2	河北	1.8
贵州	4.0	湖南	-8.2	上海	-5.6	甘肃	-14.5	河北	-1.2	贵州	-0.8
宁夏	-17.8	海南	-35.0	宁夏	-21.5	宁夏	-23.2	新疆	-1.6	宁夏	-12.4

资料来源：笔者根据样本上市公司数据编制。

表 5-17　2017~2021 年各省份上市公司投资增速与盈利增速的相关系数

指标	存货投资平均增速	固定资产投资平均增速	营业收入平均增速	核心利润平均增速	净资产平均收益率
存货投资平均增速	1.000				
固定资产投资平均增速	0.510***	1.000			
营业收入平均增速	0.802***	0.509***	1.000		
核心利润平均增速	0.124	-0.129	0.247	1.000	
净资产平均收益率	0.442**	0.438**	0.507***	0.019	1.000

注：***、**、*分别表示在 1%、5%、10%的水平上显著。

资料来源：笔者根据样本上市公司数据编制。

显著。另一方面，上市公司存货投资平均增速与 GDP 平均增速的相关系数为 0.306，在 10%的水平上显著；存货投资平均增速与全社会固定资产投资平均增速、基础设施投资平均增速、房地产投资平均增速的相关系数分别为 0.368、0.360、0.327，分别在 5%、5%、10%的水平上显著；存货投资平均增速与 GDP 总量排名的相关系数为-0.532，在 1%的水平上显著。这说明上市公司的投资状况和所在省份的经济有较大关联。

表 5-18　2017~2021 年各省份上市公司投资增速与宏观指标的相关系数

指标	固定资产投资平均增速	存货投资平均增速	GDP 平均增速	GDP 总量排名	全社会固定资产投资平均增速	制造业固定资产投资平均增速	基础设施投资平均增速	房地产投资平均增速
固定资产投资平均增速	1.000							
存货投资平均增速	0.510***	1.000						

续表

指标	固定资产投资平均增速	存货投资平均增速	GDP 平均增速	GDP 总量排名	全社会固定资产投资平均增速	制造业固定资产投资平均增速	基础设施投资平均增速	房地产投资平均增速
GDP 平均增速	0.285	0.306*	1.000					
GDP 总量排名	-0.410**	-0.532***	-0.140	1.000				
全社会固定资产投资平均增速	0.462***	0.368**	0.547***	-0.514***	1.000			
制造业固定资产投资平均增速	0.026	0.099	0.601***	0.037	0.393**	1.000		
基础设施投资平均增速	0.538***	0.360**	0.294	-0.490***	0.703***	-0.034	1.000	
房地产投资平均增速	0.231	0.327*	0.371**	-0.053	0.339*	0.294	0.181	1.000

注：***、**、*分别表示在1%、5%、10%的水平上显著。
资料来源：笔者根据样本上市公司数据编制。

（三）资产结构分析

2021 年，上市公司经营性资产占比较高的省份有新疆、广西、湖北、河南，占比均超过 70%；上市公司经营性资产占比较低的省份有江苏、安徽、海南、四川、江西、内蒙古、辽宁、上海、黑龙江、贵州，占比低于

60%（见附表 5-1）。总体来看，经济相对发达或经济增速较高的省份上市公司经营性资产占比较低。与 2017 年相比，2021 年上市公司经营性资产占比增加的省份仅有广西和重庆，其余各省份的经营性资产占比都在减少，占比减少超过 10% 的省份有 6 个，分别是山西、黑龙江、安徽、甘肃、宁夏、陕西，以西北省份居多。

2021 年，上市公司金融性资产占比较高的省份有安徽、陕西、甘肃、云南、江西、江苏、上海、北京，这些省份的上市公司金融性资产占比均超过 20%；上市公司金融性资产占比较低的省份有新疆、河北、重庆、宁夏，这些省份的上市公司金融性资产占比低于 15%。与 2017 年相比，2021 年上市公司金融性资产占比增加较多的是陕西、甘肃、安徽、青海，均超过 5%，2021 年上市公司金融性资产占比减少较多的是贵州、重庆、海南，降幅超过 5%。其余省份的上市公司金融性资产占比增加或减少幅度在 -5%~5%。总体来看，各省份的上市公司金融性资产占比在 2017~2021 年变化不大（见附表 5-2）。

2021 年，上市公司其他资产占比较高的省份有贵州、黑龙江、辽宁、内蒙古，占比均超过 25%；上市公司其他资产占比较低的省份有陕西、甘肃、云南、湖北、西藏、河南、广西、天津、安徽，占比均低于 15%。其余省份的上市公司其他资产占比在 15%~25%。与 2017 年相比，除天津外，2021 年各省份上市公司的其他资产占比都有不同程度的增加，其中占比增加较多的有贵州、河北、宁夏、黑龙江，占比增加超过 10%，占比增加较少的有辽宁、青海、广西，占比增加低于 3%（见附表 5-3）。

总体来说，各省份上市公司资产占比及变化的分布没有很强的地区特征。与上市公司总体一致，多数省份经营性资产占比的减少说明上市公司 2017~2021 年资产的扩张向金融性资产或对外投资配置了更多资源。

二、融资及融资组合状况

（一）融资状况分析

（1）融资净现金流。如表5-19所示，2017~2021年，31个省份中上市公司五年累计融资净现金流为正（融入资金）的省份数量只有15个，占比为48%，五年累计融资净现金流为负的省份有16个，占比为52%。根据分省份上市公司数据统计，五年累计融资净融资现金流为正的省份有江西、北京、四川、广东、广西、浙江、重庆等，以经济发达省份和部分经济情况相对较好的西南省份为主，而五年累计融资净现金流为负的省份有贵州、西藏、吉林、青海、辽宁、山西等，以经济相对欠发达的地区为主。2021年，江西、广东、广西、浙江、天津、河南、安徽的融资净现金流为正。

表5-19　2017~2021年上市公司融资净现金流方向为正和为负的省份数量

单位：个

融资方向	2017年	2018年	2019年	2020年	2021年	五年累计融资方向为正和为负的省份数量
融入	24	11	11	17	7	15
融出	7	20	20	14	24	16

注：融入是指当年融资净现金流为正，融出是指当年融资净现金流为负。
资料来源：笔者根据样本上市公司数据编制。

分年来看，如表5-19和表5-20所示，2017年上市公司融资净现金流同比上升省份数量和融资净现金流为正省份数量最多，分别为15个和24个；2018年融资净现金流同比上升的省份数量大幅减少至7个，融资净现金流为正的省份数量减少至 11 个；2019 年虽然融资净现金流同比上升的省份数量恢复到 15 个，但融资净现金流为正的省份数量仍然是 11 个；2020 年上市公司经营净现金流有所恶化，融资净现金流同比上升的省份数量和融资净现金流为正的省份数量明显增加，分别达到 24 个和 17 个，但是在经济和经营状况明显恢复的 2021 年，融资净现金流同比上升的省份数量和融资净现金流为正的省份数量却出现了断崖式下跌，二者均下跌至 7 个，约占 31 个省份数量的 23%。总体来看，融资净现金流同比上升和融资净现金流为正省份数量最多的年份分别是 2020 年和 2017 年，这与社会融资增速变化节奏基本一致。

表 5-20　2017~2021 年上市公司融资净现金流同比上升和下降的省份数量

单位：个

同比变化方向	2017 年	2018 年	2019 年	2020 年	2021 年
上升	15	7	15	24	7
下降	16	24	16	7	24

注：上升是指融资净现金流同比上升，下降是指融资净现金流同比下降。

资料来源：笔者根据样本上市公司数据编制。

（2）净债务融资现金流。如表 5-21 所示，2017~2021 年，上市公司五年累计净债务融资净现金流为正的省份数量有 27 个，五年累计净债务融资现金流为负的省份有 4 个。根据分省份上市公司数据统计，五年累计净债务融资现金流为正的省份有四川、广东、广西、新疆、江苏、江西、河南、浙江、福建、西藏、辽宁等，以经济发达省份和部分经济情况相对较好的省份为主，而五年累计净债务融资现金流为负或较低的省份有青海、宁夏、甘肃、云南、内蒙古、贵州等，以经济相对欠发达的地区为主。

如表 5-22 所示，2017~2021 年，各省份的上市公司净债务融资现金流同比变化趋势与融资净现金流同比变化趋势相似。净债务融资现金流同比上升的省份数量和净债务融资现金流为正的省份数量分别在2020年和2017年较多，2021年净债务融资现金同比上升的省份数量出现断崖式下跌，2021年净债务融资同比上升的省份数量和净债务现金流为正的省份数量分别只有7个和15个，分别约占全国31个省份的23%和48%。这一变化趋势与各省份上市公司投资增长密切相关。

表5-21　2017~2021年上市公司净债务融资现金流方向为正和为负的省份数量

单位：个

融资方向	2017年	2018年	2019年	2020年	2021年	五年累计融资方向为正和为负的省份数量
融入	30	25	21	27	15	27
融出	1	6	10	4	16	4

注：融入是指当年净债务融资现金流为正，融出是指当年净债务融资现金流为负。
资料来源：笔者根据样本上市公司数据编制。

表5-22　2017~2021年上市公司净债务融资现金流同比上升和下降的省份数量

单位：个

同比变化方向	2017年	2018年	2019年	2020年	2021年
上升	21	10	9	23	7
下降	10	21	22	8	24

注：上升是指当年净债务融资现金同比上升，下降是指当年净债务融资现金同比下降。
资料来源：笔者根据样本上市公司数据编制。

（二）融资结构

（1）资产负债率。如表5-23所示，2021年，上市公司资产负债率较高的省份有河北、上海、福建，上市公司资产负债率分别为74.2%、68.4%、67.9%，另外，重庆、广东、山西、青海、广西的上市公司资产负债率均在60%以上；上市公司资产负债率较低的省份有安徽、宁夏、甘肃，资产负债率分别为44.4%、47.4%、47.6%。从区间分布来看，2021年上市公司资产负债率低于50%的省份有10个；上市公司资产负债率在50%～60%的省份有13个；上市公司资产负债率在60%以上的省份有8个。

表5-23　2017年与2021年各省份上市公司资产负债率分析

单位：%

所属省份	2017年	所属省份	2021年	所属省份	两年差值
河北	70.6	河北	74.2	海南	8.4
山西	69.8	上海	68.4	福建	6.6
青海	65.9	福建	67.9	广西	6.4
重庆	65.8	重庆	67.5	浙江	6.0
上海	64.9	广东	63.9	四川	5.9
广东	62.6	山西	62.3	江苏	5.0
福建	61.3	青海	61.3	黑龙江	3.7
云南	60.5	广西	61.1	河北	3.6
新疆	60.3	河南	59.9	上海	3.5
北京	60.0	江苏	59.6	河南	3.4
宁夏	60.0	北京	59.4	江西	2.7
湖北	57.6	新疆	58.9	重庆	1.7
天津	57.3	四川	57.8	广东	1.3
河南	56.5	山东	57.3	西藏	1.3
山东	56.5	黑龙江	56.3	山东	0.8
内蒙古	55.9	湖北	56.0	陕西	-0.2
辽宁	55.0	云南	55.6	北京	-0.6
湖南	54.8	浙江	55.0	安徽	-0.8
广西	54.7	辽宁	53.6	吉林	-1.0
江苏	54.6	湖南	53.4	贵州	-1.2

续表

所属省份	2017 年	所属省份	2021 年	所属省份	两年差值
甘肃	54.0	江西	53.4	湖南	-1.4
黑龙江	52.6	西藏	49.8	辽宁	-1.4
四川	51.9	贵州	49.6	新疆	-1.4
贵州	50.8	陕西	49.6	湖北	-1.6
江西	50.7	吉林	48.9	青海	-4.6
吉林	49.9	天津	48.9	云南	-4.9
陕西	49.8	海南	48.3	甘肃	-6.4
浙江	49.0	内蒙古	48.2	山西	-7.5
西藏	48.5	甘肃	47.6	内蒙古	-7.7
安徽	45.2	宁夏	47.4	天津	-8.4
海南	39.9	安徽	44.4	宁夏	-12.6

资料来源：笔者根据样本上市公司数据编制。

与 2017 年相比，2021 年上市公司资产负债率上升的省份有 15 个，占比为 48%；资产负债率下降的省份有 16 个，占比为 52%。其中，上市公司资产负债率上升幅度较大的省份有海南、福建、广西，分别上升了 8.4%、6.6%、6.4%，下降幅度较大的省份有内蒙古、天津、宁夏，分别下降了 7.7%、8.4%、12.6%。资产负债率上升的多数省份分布在经济发达地区或经济增速较高的地区。

（2）有息负债率。如表 5-24 所示，2021 年，上市公司有息负债率较高的省份有广西、青海、河北，分别为 42.8%、38.5%、35.6%；上市公司有息负债率较低的省份有陕西、宁夏、贵州，分别为 15.5%、14.9%、10.8%。从区间分布来看，2021 年上市公司有息负债率低于 25%的省份有 13 个；上市公司有息负债率在 25%~30%的省份有 11 个；上市公司有息负债率在 30%以上的省份有 7 个。

表 5-24　2017 年与 2021 年各省份上市公司有息负债率分析

单位：%

所属省份	2017 年	所属省份	2021 年	所属省份	两年差值
山西	51.5	广西	42.8	广西	7.7
青海	49.8	青海	38.5	四川	0.8
西藏	38.7	河北	35.6	江西	0.3
北京	37.8	山西	34.3	河北	-0.3
天津	37.6	北京	34.0	安徽	-1.3
重庆	36.2	西藏	32.7	浙江	-1.4
河北	35.9	河南	31.3	广东	-1.9
新疆	35.4	黑龙江	29.9	河南	-2.1
福建	35.3	江西	29.9	吉林	-2.4
甘肃	35.1	甘肃	28.4	黑龙江	-2.7
广西	35.1	新疆	28.4	上海	-2.7
湖北	34.4	辽宁	27.9	海南	-3.0
云南	33.7	四川	27.9	辽宁	-3.0
河南	33.4	湖北	27.7	北京	-3.8
湖南	33.3	吉林	27.3	江苏	-4.0
黑龙江	32.6	云南	27.3	山东	-4.2
宁夏	31.4	福建	26.1	内蒙古	-4.6
辽宁	30.9	天津	25.1	西藏	-6.0
吉林	29.7	广东	24.3	云南	-6.4
江西	29.6	浙江	24.2	湖北	-6.7
内蒙古	28.3	内蒙古	23.7	甘肃	-6.7
山东	27.8	山东	23.6	新疆	-7.0
四川	27.1	海南	22.2	陕西	-8.5
广东	26.2	重庆	21.5	福建	-9.2
浙江	25.6	上海	21.4	青海	-11.3
海南	25.2	湖南	21.2	湖南	-12.1
江苏	24.5	江苏	20.5	天津	-12.5

续表

所属省份	2017 年	所属省份	2021 年	所属省份	两年差值
上海	24.1	安徽	19.5	贵州	-12.7
陕西	24.0	陕西	15.5	重庆	-14.7
贵州	23.5	宁夏	14.9	宁夏	-16.5
安徽	20.8	贵州	10.8	山西	-17.2

资料来源：笔者根据样本上市公司数据编制。

与2017年相比，2021年仅有广西、四川、江西三个省份的上市公司有息负债率上升，分别上升了7.7%、0.8%、0.3%。其余各省份上市公司的有息负债率都出现了下降。其中，重庆、宁夏、山西的上市公司有息负债率降幅较大，分别下降了14.7%、16.5%、17.2%。

（三）相关性分析

如表5-25所示，2017~2021年，各省份上市公司融资净现金流变化与各省份社会融资规模增量正相关，融资净现金流平均值与社会融资规模增量平均值的相关系数为0.678，在1%的水平上显著。

表5-25 2017~2021年各省份上市公司融资净现金流变化和社会融资总额变化的相关系数

	融资净现金流平均值	融资净现金流平均增速	社会融资规模增量平均值	社会融资规模平均增速
融资净现金流平均值	1.000			
融资净现金流平均增速	0.309*	1.000		
社会融资规模增量平均值	0.678***	0.133	1.000	
社会融资规模平均增速	-0.023	-0.050	-0.187	1.000

注：***、*分别表示在1%、10%的水平上显著。
资料来源：笔者根据样本上市公司数据编制。

2017~2021 年，各省份上市公司净债务融资现金流平均增速与有息负债率变化、资产负债率变化显著正相关，说明净债务融资现金流平均增速越大，有息负债率和资产负债率增加幅度越大。各省份上市公司净债务融资现金流平均增速与全社会人民币贷款余额平均增速无显著相关关系（见表 5-26）。

表 5-26　2017~2021 年各省份上市公司净债务融资现金流增速的相关系数

指标	净债务融资现金流平均增速	全社会人民币贷款余额平均增速	有息负债率变化	资产负债率变化
净债务融资现金流平均增速	1.000			
全社会人民币贷款余额平均增速	0.072	1.000		
有息负债率变化	0.313*	0.184	1.000	
资产负债率变化	0.368**	0.021	0.635***	1.000

注：***、**、* 分别表示在 1%、5%、10%的水平上显著。
资料来源：笔者根据样本上市公司数据编制。

三、小结

在投资和资产结构方面，上市公司固定资产投资增速大小的区域分布与盈利增长和投资回报率具有显著的正相关关系，与盈利增长省份分布不同的是一些资源丰富的省份投资增速分布两极化现象较为严重。2017~2021 年，上市公司固定资产投资五年平均增速较高的省份有河南、广西、陕西、江西、浙江、云南、四川，上市公司固定资产投资五年平均增速较低的省份有山西、青海、内蒙古、海南、吉林、河北、辽宁。各省份上市公司资产结构及变化的分布没有很强的地区特征。

在融资净现金流方面，2017~2021年，上市公司五年累计融资净现金流为正的省份有江西、北京、四川、广东、广西、浙江、重庆等，以经济发达或者投资增速较高的南方省份为主，上市公司五年累计融资净现金流为负的省份有贵州、西藏、吉林、青海、辽宁、山西等，以经济相对欠发达的地区为主。五年累计净债务融资现金流为正的省份有四川、广东、广西、新疆、江苏、江西、河南、浙江、福建、西藏、辽宁等，以经济发达省份和部分经济情况相对较好的省份为主，而五年累计净债务融资现金流为负或较低的省份有青海、宁夏、甘肃、云南、内蒙古、贵州等，以经济相对欠发达的地区为主。

在资产负债率方面，2021年，上市公司资产负债率超过60%的省份有8个，上市公司资产负债率低于50%的省份有10个。从变化来说，相比2017年，2021年上市公司资产负债率上升的省份有15个，占比为48%，多数位于经济较为发达或投资增速较高的地区；而2021年上市公司资产负债率下降幅度较大的省份主要分布在经济欠发达的地区。就有息负债率而言，与2017年相比，2021年仅有广西、四川、江西三个省份的上市公司有息负债率上升，其余各省份上市公司的有息负债率都出现下降。

第四节　本章总结

2017~2021年，上市公司盈利增长和资产回报率较高的省份主要分布在经济增速靠前或固定资产投资增速靠前或矿产资源丰富的地区。特别是安徽、四川、西藏、贵州的GDP增速和上市公司的盈利增长与资产回报率在2017~2021年均排名靠前；上市公司资产回报率低于3.5%的省份除海南、上海外，主要分布在东北的全域及华北地区、西北地区的个别省份。此外，值得关注的是北京和上海主要上市公司在2017~2021年的盈利增长和资产回报率都处于较低水平，这与其占比较大的上市公司主要分布在近年来经济不景气的传统行业且竞争力相对较弱有关。

上市公司固定资产投资增速大小的区域分布与盈利增长和投资回报具有显著的正相关关系，与盈利区域分布不同的是，一些资源丰富的省份投资增速分布两极化现象较为严重。上市公司资产占比及变化的分布没有较强的地区特征，但是相对来说，经济发达地区的资产占比及变化处于两极分布状态的较少。与上市公司总体一致，多数省份经营性资产占比的减少说明上市公司2017~2021年资产的扩张主要偏向于金融性资产或对外投资。

在融资方面，2017~2021年，上市公司融资净现金流和净债务融资现金流为正的省份数量在2017年和2020年较多，2018年、2009年和2021年融资现金流为正的省份数量都出现下降，特别是在经济增速恢复的2021年，融资现金流为正的省份数量出现断崖式下降。除个别省份外，与2017年相比，2021年上市公司资产负债率上升的省份主要分布在南方经济发达地区、部分经济增长较快的西南地区和京津冀地区，东北地区和西北地区多数省份的上市公司融资现金流和资产负债率总体出现明显下降。相应地，与2017年相比，2021年多数南方省份的上市公司资产负债率上升，而多数北方省份的上市公司资产负债率下降。

通过比较各省份的宏观数据，安徽、广西、上海、河北的上市公司情况值得我们关注。①安徽：2017~2021年经济增速排名靠前，且上市公司盈利增长和盈利能力总体较好，资产负债率较低，宏观和微观数据表现基本一致。②广西：尽管2017~2021年经济增速中等但固定资产投资增速较高，上市公司盈利增长和固定资产投资增速相对较高，对应融入资金也在增长，与2017年相比，2021年上市公司资产负债率上升，上市公司经营性资产占比在2021年出现明显上升。③上海：尽管经济发达程度在全国排名靠前，但是上市公司无论是盈利增长还是盈利能力在全国排名靠后，2021年上海上市公司资产负债率的排名却靠前，2017~2021年上海的工业增加值五年平均增速排名靠后，与经济同样发达的江苏、广东、浙江相比有明显差异，这一现象值得关注。④河北：2017~2021年，经济增速在全国中等，但是上市公司无论是盈利增长和盈利能力还是投资增速在全国排名较靠后，且资产负债率总体处于较高水平，和其他经济增速相当的省份的上市公司相比，差距明显。

需要说明的是，由于各省份的上市公司经营地域不完全局限于本地区的范围，且经济欠发达地区的上市公司数量偏少，因此本章的结论具有一定的局限性。

第六章

总　结

第一节 结论

一、上市公司盈利变化趋势与宏观经济走势一致，主要受到中上游周期性的行业影响

2017~2021 年，上市公司营业收入五年平均增速为 12.9%，核心利润五年平均增速为 16.0%。上市公司盈利变化趋势和全国 GDP 增速与工业增加值增速变化趋势基本一致，呈不对称的 V 形走势。2017~2019 年，上市公司盈利增速逐渐下滑，2020 年下降到最低点，但在 2021 年出现明显反弹。上市公司营业收入增速、全国 GDP 增速、工业增加值增速及 PPI 指数之间高度正相关。

分行业总体来看，2017~2021 年，上市公司盈利增长的主要拉动因素是以采矿、原材料制造为主的中上游周期性行业（钢铁、有色金属、采掘和化工）。盈利增长缓慢的行业主要是纺织服装、汽车、传媒、商业贸易。这与出口环境、新能源汽车之外的汽车市场需求萎缩、政府对传媒行业的规范及传统传媒行业创造力不足、民众线下消费乏力有关。

2017~2021年，分阶段来看，2019年是明显的“分水岭”，2019年及之前盈利增长较快的行业主要有房地产、建筑材料等，盈利增长具有明显的房地产产业链特征；2019年之后，盈利增长较快的行业主要有食品饮料、化工等，盈利增长具有明显的周期性行业特征，这与周期性行业的高景气度和出口高增长及新能源相关产业发展提速有关。

二、中上游周期性行业投资回报总体处于中等偏上水平，中下游行业投资回报率分化严重

从投资回报率来看，上市公司2017~2021年五年平均净资产收益率平均为8.8%，2021年净资产收益率也为8.8%；五年平均总资产报酬率为4.1%，2021年总资产报酬率为4.2%。2017~2021年，各年投资回报率走势和盈利增速走势基本一致，但变化幅度较小。中上游周期性行业投资回报率处于中上等水平，总体好于中下游非周期性行业。

上市公司投资回报率的变化主要与大宗商品价格变化引起的毛利率变化有关，资产周转率除2020年有所下降之外，其他各年变化总体并不明显，在一定程度上说明2017~2021年上市公司产能利用率总体基本平稳，产能利用率没有明显下降。但是，分行业来说，需要重点关注传统汽车和纺织服装两个行业因市场收缩引起的产能过剩问题。2020年以来新能源产业景气度上升引起电气设备和新能源汽车行业较高投资是否会造成新的产能过剩需要引起关注。多数上市房地产企业主要面临的是回款慢造成的资金问题而不是存货占用问题。

国家一系列税收优惠和金融政策对于降低上市公司的成本有明显作用。2017~2021年，上市公司税金及附加占营业收入比重从2017年的2.7%下降到2021的2.1%，其中2020年和2021年下降幅度较大，财务费

用占营业收入比重从 2017 年的 1.4%下降到 2021 年的 1.1%，2021 年下降幅度最大。财务费用的下降除了与利率下降有关外，还与上市公司债务融资收缩、周期性行业现金流较好、债券市场规模扩大及人民币贬值有关。

三、上市公司固定资产投资整体走低，经营性资产在总资产中占比逐年下降

2017~2021 年，上市公司固定资产投资平均增速为 9.8%，2017~2020 年整体呈下降趋势，但 2021 年并没有随收入增速恢复而反弹，这与全社会固定资产投资增速走势有所不同，反映了上市公司 2021 年对经济增长预期的转弱。分行业来看，2017~2021 年固定资产投资平均增速较高的行业以房地产、家用电器、建筑材料等房地产产业链为主，因此增速总体呈下降态势。2017~2021 年，固定资产投资平均增速较低的行业有通信、纺织服装、传媒、国防军工、商业贸易，与这些行业发展高潮已过、新产品创新不足、市场需求相对有限有关。2021 年，固定资产投资增速较高的行业分别是电气设备、汽车、机械设备，这与新能源电源开发和制造、新能源应用扩大及集装箱等交通运输设备需求旺盛有关。上市公司存货投资增速和营业收入增速基本同步，没有明显产生库存压力和存货资金占用。

与 2017 年相比，2021 年上市公司经营性资产占比下降了 8.4%，其他资产占比在 2017~2021 年逐年上升。说明在经济下行的背景下，上市公司将资源配置到经营性业务的比例相对下降，分配到对外投资等业务的比例相对上升。分行业来看，就经营性资产来说，与 2017 年相比，2021 年经营性资产占比基本维持不变的行业有计算机、农林牧渔、电子 3 个行业；其余 23 个行业的经营性资产占比都出现了明显下降，下降幅度较大的行业有建筑装饰、建筑材料、交通运输。

四、上市公司金融性融资呈净融出状态，净债务融资规模逐年缩小

2017~2021 年，上市公司总体融资净现金流仅 2017 年和 2020 年为正，在经济恢复明显的 2021 年，融资净现金流出规模最大。上市公司对外金融性融资意愿不强主要与投资增速较低、经营现金流良好有关。分类来看，上市公司净债务融资规模整体处于逐年下降态势，权益融资规模则整体呈逐年上升态势，支付股利和利息的现金流出与股权回购等现金流出大体逐年增加。上市公司融资净现金流和净债务融资现金流走势与社会融资规模增速走势大体同步，都在 2017 年和 2020 年同比明显增加，其余年份都在减少或降低。

分行业来看，2017~2021 年，融资净现金流规模五年累计为正的行业只有 8 个，五年累计为负的行业有 18 个，其中五年累计资金净融入规模较大的行业有建筑装饰、房地产、电子、电气设备、农林牧渔，其中建筑装饰和房地产业累计净债务融资规模占样本上市公司总体累计净债务融资规模的近 50%；五年累计净融出资金较多的行业是采掘、通信、钢铁。

五、上市公司对外商业信用融资提供天数减少，对外的商业信用融资明显增加

以资产周转天数反映上市公司商业信用提供（应收账款）和商业信用融资（应付账款）变化。2021 年上市公司总体应付账款周转天数和 2017 年相比增加了 17 天，相应期间，应收账款周转天数减少了 8 天。上市公司

对外净商业信用融资提供天数减少了25天，反映了上市公司商业信用融资明显增加。分行业来看，净商业信用融资提供天数增加的行业仅有3个，分别是公用事业、医药生物、纺织服装行业，公用事业净商业信用融资提供天数的增加主要与各地出台的公用事业费延缓缴纳政策有关。净商业信用融资提供天数减少的行业有23个，减少超过30天的行业有房地产、建筑装饰、机械设备、电气设备。

六、上市公司资产负债率略微上升，有息负债率下降明显，长期债务占比增加

2021年上市公司资产负债率为61.2%，与2017年相比略有上升，但有息负债率呈逐年下降态势，与2017年相比下降明显，上市公司负债的增加主要是由于商业性负债增加所致，上市公司总体财务风险变化并不明显。分行业来看，资产负债率上升的行业有16个，但有息负债率上升的行业仅有2个。2021年资产负债率处于高位的行业有房地产、商业贸易，需警惕这两个行业企业的财务风险。

七、国有企业和民营企业营业收入平均增速相差不大，但国有企业核心利润平均增速明显高于民营企业

从盈利增长情况来看，2017~2021年，地方国企表现最好，营业收入平均增速为14.4%，核心利润平均增速为22.4%；中央企业的营业收入平均增速为11.2%，核心利润平均增速为20.0%；民营企业的营业收入平均增速为14.3%，核心利润平均增速为9.4%。这一差异主要是由行业分布差异造成的，国有企业主要分布在中上游行业，受益于大宗商品价格上涨

较多。从时间来看，民营企业在 2019 年之前盈利表现较好，但在 2019 年之后，盈利下降明显，2021 年在营业收入恢复明显增长的情况下，其核心利润出现负增长。

从盈利能力来看，2017~2021 年，中央企业、地方国企与民营企业的总资产报酬率的平均值分别为 3.8%、4.2%和 4.3%，中央企业的总资产报酬率平均值较低，地方国企和民营企业基本相当。但民营企业的盈利能力在 2017~2021 年总体呈逐年下降趋势。

八、民营企业固定资产投资增速明显高于国有企业，经营性资产占比下降幅度相对较小

2017~2021 年，民营企业固定资产增速（16.9%）明显高于中央企业（5.9%），也显著高于地方国企（9.1%），在 2021 年这一差异表现更为明显，这与国有企业和民营企业的行业分布有较大关系。国有企业在资源型行业分布较多，产能的扩张一方面对固定资产投资需求相对较低，另一方面 2017~2021 年资源品行业盈利增长更多来源于价格上涨而不是产能扩张。中央企业的经营性资产占比下降最为明显，其次是地方国企。中央企业经营性资产占比在 2017 年远高于民营企业，但在 2021 年稍低于民营企业。2017~2021 年由于经济增速缓慢，三类企业在经营性业务方面的投入相对降低，国有企业表现最为明显。2021 年中央企业在盈利大增的情况下，固定资产投资增长不明显，民营企业固定资产投资增速达到 16%以上。

九、国有企业金融性融资累计对外呈融出状态，民营企业金融性融资累计呈融入状态

2017～2021 年，中央企业经营现金流良好，但投资增长较低，经营净现金流完全覆盖投资后自由现金流有富余，对外融资意愿较低，每年融资净现金流规模均为负数；地方国企现金流状况和中央企业类似，但弱于中央企业；民营企业的经营现金流规模虽然每年也在增长，但总体要弱于国有企业，且受投资增长较高的影响，自由现金流明显少于国有企业，对外融资意愿较高，累计融资净现金流规模也为正。从净债务融资来看，民营企业在 2017～2021 年的净债务融资规模累计最高，中央企业在这五年的净债务融资规模累计最低，但是民营企业净债务融资规模呈逐年减少的趋势，而中央企业净债务融资规模却逐年增加。

从负债率来看，2017～2021 年，三类企业债务风险没有明显变化，由于国有企业现金流状况良好，因此其财务风险较低。尽管民营企业资产负债率明显上升，但是有息负债率却明显下降。从有息负债结构来看，相对稳定的长期债务资金主要流向了国有企业，国有企业长期有息负债占比增加，民营企业长期有息负债占比减少。

十、民营企业对外商业信用融资总量增加最多，但国有企业对外净商业信用融资增加最多

从应付账款周转天数来看商业信用融资，国有企业和民营企业应付账款周转天数于 2017～2021 年都在增加，中央企业和地方国企的应付账款周转天数增加了 13～14 天，民营企业的应付账款天数增加了 26 天，民营企

业在金融性负债融资规模减少的同时，大幅度地增加了商业信用融资。但是，从净商业信用融资提供天数来看，虽然民营企业提供天数减少最多，但是从净商业信用融资提供总天数来说，民营企业 2017~2021 年的净商业信用融资提供天数仍旧最多。2020 年和 2021 年中央企业净商业信用融资提供天数为负值。

十一、经济增速靠后或经济总量较低的省份的上市公司表现普遍较差，经济总量排名靠前的省份的上市公司表现各异

2017~2021 年，上市公司盈利增长和资产回报率较高的省份主要分布在经济增速靠前或固定资产投资增速靠前或矿产资源丰富的地区。特别是安徽、四川、西藏、贵州的 GDP 增速和上市公司的盈利增长与资产回报率在 2017~2021 年均排名靠前。经济发达的省份的上市公司表现相对稳定，而经济欠发达地区的上市公司受资源行业价格波动和数量较少的影响，表现各年差异较大。

2017~2021 年，上市公司盈利增长和资产回报率排名靠后的省份除海南、上海外，主要分布在东北的全域及华北地区、西北地区的个别省份。此外，值得关注的是北京和上海在没有未包括科创板公司的情况下，其主要上市公司的盈利增长和资产回报率都处于较低水平。

上市公司固定资产投资增速大小的区域分布与盈利增长和投资回报具有显著的正相关关系，与盈利变化区域分布不同的是，一些资源丰富的省份投资增速两极化现象较为严重。上市公司资产占比及变化的分布没有较强的地域特征，但是相对来说，经济发达地区的资产占比及变化处于两极的情况较少。

十二、经济增速排名靠前或经济相对发达省份的上市公司资产负债率上升，经济增速排名靠后或经济落后地区的上市公司正好相反

在融资方面，2017~2021 年，上市公司融资净现金流和净债务融资现金流为正的省份数量在 2017 年和 2020 年较多，2018 年、2019 年和 2021 年融资现金流为正的省份数量都出现下降，特别是在经济增速恢复的 2021 年，融资现金流为正的省份数量出现断崖式下降。除个别省份外，与 2017 年相比，2021 年上市公司资产负债率上升的省份主要分布在经济发达的南方地区、部分经济增长较快的西南地区和京津冀地区，东北地区和西北地区多数省份的上市公司融资现金流和资产负债率总体出现明显下降。相应地，与 2017 年相比，2021 年多数南方省份的上市公司资产负债率上升，而多数北方省份的上市公司资产负债率下降。需要关注的是河北的上市公司无论是盈利增速还是投资增速均处于较低水平，但资产负债率却处于较高水平。

第二节　讨论和政策建议

一、关于中国经济增长的动力

从上市公司盈利特别是营业收入增速的变化来看，2017~2021 年中国经济增长的动力主要与中上游周期性行业景气度的变化有关①。中上游行

① 这些周期性行业也是中国税收收入主要来源的行业。

业景气度变化的背后是投资、出口、终端消费（产品或服务）需求变化。2017~2018年，中国经济的增长动力主要有基础设施投资产业链[①]、房地产产业链、汽车产业链、出口产业链、消费电子产业链、社会零售商品消费、休闲服务消费七条明显的增长动力源。但2019年基础设施投资产业链、汽车产业链、消费电子产业链、出口产业链、休闲服务消费、社会零售商品消费六条动力源逐渐失速，仅剩房地产产业链仍旧保持了一定的增长速度。2020年和2021年在出口产业链的带动下，消费电子产业链明显恢复；房地产产业链尽管下行明显，但仍旧保持了一定的增长动力；汽车产业链在新能源汽车的带动下有一定的复苏。总体来看，房地产产业链的支撑作用贯穿了2017~2021年的中国经济增长，出口产业链带动了2021年的经济复苏，其他产业链的支撑作用逐渐递减。考虑到产业周期性，房地产产业链在2021年之后的一段时间内总体可能需要休整，出口产业链在复杂的国际局势下存在很大的不确定性，未来一段时间中国经济增长动力需要在加大创新投入的情况下，通过产品的增量创新带动产品升级换代。“双碳”战略实施背景下的新能源产业链能否给经济增长带来持续动力，还取决于新能源产品的成本、便利性、安全性及能源消费增量。探索经济可行的可再生能源开发模式与鼓励居民增加可再生能源消费未尝不是推动经济发展的一种有效方式。中国有完善的工业体系及在全球仍然强大的生产制造能力，努力扩大出口需求也是政府可以考虑的增长动力。

二、关于中国企业的投融资和金融问题

上市公司投融资具有以下特征：①固定资产投资增速逐年降低，企业

① 基础设施投资的良性增长最终也需要转化为现实需求，通过税收收入等财政性收入方式支付前期投入。

将更多资源配置到非经营性资产；②上市公司总体自由现金流相对宽裕，融资需求主要集中于建筑装饰、房地产、电子、电气设备、农林牧渔等少数行业；③上市公司在自由现金流总体良好的情况下，进行了较大规模的权益融资，融资规模远超净债务融资，融入的资金许多实际用于支付红利和股票回购或进行非经营性资产配置；④上市公司收缩了对下游客户的商业信用融资，而为上游客户提供了大量的商业信用融资。上市公司这四个特征除了反映上市公司对经济增长预期降低，也反映了证券市场等金融领域的一些问题，需要政府及相关部门引起重视。一是企业在主业投资需求不高、自由现金流良好的情况下仍进行再融资，从微观上来说，公司治理可能存在问题，从宏观上来说，是资本市场存在问题。资本市场再融资标准是否过度宽松或参与再融资的机构投资者是否合格①？在上市公司和机构投资者治理都存在问题的前提下，再融资是否仅仅是正常的市场行为且不宜设立较高的门槛？二是上市公司大量收缩商业信用的同时加大商业信用融资，是否加剧了非上市公司特别是中小企业资金紧张的问题？出现这一问题的原因是什么？是否存在上市公司利用市场优势地位侵占中小企业利益现象？研究这一问题也许有助于解决我国中小企业存在的融资难和融资贵的问题。

三、关于物价和公用事业行业

从 2020 年下半年以来，在国际大环境的影响下，大宗商品特别是能源类原料的大宗商品出现了明显的价格上涨，但是 2021 年我国 CPI 没有出现

① 再融资的确定性受益方是券商等中介机构和上市公司管理层，而不是机构投资者。机构投资者参与上市公司再融资，除非上市公司产品市场预期良好，受限于融资约束不能有效扩大产能（但在当前经济背景下，这种情况较少），否则参与的机构投资者的公司治理就存在问题或者目的不纯，从一些司法案例中可以发现其中的端倪。

明显的上涨，这与我国公用事业价格保持相对稳定有关。从上市公司分析来看，2021 年公用事业在营业收入保持较高增速的状况下，核心利润出现较大幅度的下降。但就 2017～2021 年总体来说，公用事业上市公司投资回报率（净资产收益率）仍旧保持了 5%的水平。说明政府对公用事业的价格管制较好地对冲了上游原材料价格的波动，并没有对公用事业产生长期的重大不利影响。但是，从长远来看，如果上游原材料价格较长时期保持上涨态势，需要鼓励更多公用事业企业兼并上游材料行业，或者上游能源原料行业并购下游公用事业行业，以更好地对冲原材料价格波动。

四、关于创新和研发投入

与 2017 年相比，上市公司 2021 年的研发投入强度（研发支出占营业收入的比重）仅提高了 0.5%，五年累计研发支出占总资产的比例为 5.9%，比非经营性资产占比增加的比例少了 2.5%。上市公司 2017～2021 年对创新资源配置低于对外投资（包括金融资金）的配置，出现这一状况主要是由于采掘、建材、建筑、房地产等传统行业在这五年获得高速增长的同时，对创新投入重视相对不足引起的。从宏观上来说，要调整产业结构，降低低附加值产业与高消耗、高污染、高排放产业的比重，提高高附加值产业、绿色低碳产业、具有国际竞争力产业的比重。但是，从微观主体企业来说，需要加大研发投入，一方面提高产品技术含量，另一方面提高或改进产品的效用。这一要求对于传统行业同样重要。传统行业涉及基础设施建设，增量型创新带动的产品升级换代对于企业发展和国家经济的增长能够起到重要的作用。

Chapter Appendix

附　录

附录一
带量采购政策对医药生物行业盈利的影响

为降低群众的医疗负担，解决群众的“看病贵”问题，国家实施药品带量采购政策。2018 年 11 月，中央全面深化改革委员会第五次会议审议通过《国家组织药品集中采购试点方案》，明确了国家组织、联盟采购、平台操作的总体思路。2019 年 1 月 17 日，《国务院办公厅关于印发国家组织药品集中采购和使用试点方案的通知》正式对外发布。2019 年 11 月，国家医疗保障局印发《关于做好当前药品价格管理工作的意见》，明确深化药品集中带量采购制度改革，坚持“带量采购、量价挂钩、招采合一”的方向，促使药品价格回归合理水平。下面从申万二级行业分类分析带量采购政策对于医药生物行业毛利的影响。

医药生物行业的细分二级行业主要有：化学制药、生物制品、医疗服务、医疗器械、医药商业及中药。总体来看，毛利率平均增速排名前三的细分行业分别是医疗器械、化学制药及医疗服务。从趋势来看（见附表 1-1），2017~2018 年，细分行业中化学制药、医疗服务、医药商业的毛利率增长幅度相对较高，但随着带量采购政策的实施，这三个行业的毛利率增速开始减缓甚至下降，化学制药与医药商业的毛利率增速在 2021 年降到了-5.6%，说明在医药生物的所有细分二级行业中，这两个细分行业受带量采购政策影响较大。与上述两个行业毛利率增速变动相反的行业是医疗器械，除 2020 年外，其他年度毛利率均保持正增长。

2017~2021年，从医药生物行业总体趋势来看，化学制药与医药商业同行业总毛利率的变动趋势基本一致，说明这两个细分行业对医药生物行业毛利率带动最大，其次是医疗服务行业，除2020年外，其他年度该行业与医药生物行业总毛利率同样基本保持一致。毛利率变动趋势最为平稳的是生物制品行业。医疗器械行业在2020年达到需求高峰，2021年毛利率有所下降。总体来说，化学制药、医药商业行业受带量采购政策的影响较大，导致医药生物行业整体毛利率下降。

附表 1-1　2017~2021年医药生物细分行业毛利率增速

单位：%

细分二级行业	2017年	2018年	2019年	2020年	2021年
化学制药	10.4	9.8	0.7	-2.1	-5.6
生物制品Ⅱ	1.1	1.6	5.1	0.1	-3.0
医疗服务Ⅱ	7.7	6.8	0.1	-6.0	2.0
医疗器械Ⅱ	0.1	3.8	5.4	6.9	-0.2
医药商业Ⅱ	6.1	9.7	-1.1	-2.0	-5.6
中药Ⅱ	5.1	-3.7	-8.0	-3.5	1.4
平均	5.1	4.7	0.4	-1.1	-1.8

资料来源：笔者根据样本上市公司数据编制。

附录二
上市公司分行业主要盈利指标

附表 2-1　2017~2021 年分行业毛利平均增速及其与营业收入平均增速的比较

单位:%

行业	2017 年	2018 年	2019 年	2020 年	2021 年	五年平均	与分行业营业收入五年平均增速的比较
有色金属	47.8	2.1	-5.8	15.5	62.4	24.4	7.0
钢铁	77.9	28.8	-26.8	-3.5	50.9	25.5	5.4
综合	25.1	31.6	8.4	1.5	5.4	14.4	3.1
纺织服装	13.1	10.1	2.4	-19.4	17.7	4.8	1.9
电子	38.4	9.5	1.7	16.4	39.1	21.0	1.8
食品饮料	19.9	21.0	13.7	4.9	11.3	14.2	1.6
国防军工	6.9	2.0	6.1	5.5	10.2	6.1	1.3
采掘	29.2	18.4	-2.2	-17.7	44.9	14.5	1.1
医药生物	23.7	25.3	10.1	-0.3	8.9	13.5	0.7
建筑材料	42.6	41.1	13.5	-1.2	0.9	19.4	0.2
通信	10.3	6.8	1.3	0.1	10.0	5.7	-0.1
建筑装饰	12.9	15.6	9.9	10.4	15.2	12.8	-0.1
机械设备	24.0	11.6	13.9	6.8	9.2	13.1	-0.2
计算机	19.1	14.9	6.7	1.8	11.0	10.7	-0.9
化工	14.0	7.5	-2.6	-6.4	39.2	10.3	-1.5
电气设备	16.0	1.2	14.1	9.8	19.5	12.1	-2.2

续表

行业	2017 年	2018 年	2019 年	2020 年	2021 年	五年平均	与分行业营业收入五年平均增速的比较
交通运输	12.1	12.2	7.3	-33.5	86.4	16.9	-2.8
传媒	10.0	4.5	0.6	-6.8	5.8	2.8	-2.9
轻工制造	26.1	8.0	7.7	-2.5	12.5	10.4	-3.5
休闲服务	24.9	29.4	6.9	-51.0	16.5	5.3	-3.7
汽车	15.2	-1.5	-6.5	-5.1	1.5	0.7	-3.9
家用电器	26.9	13.6	6.2	-5.3	7.9	9.9	-4.0
房地产	13.8	31.9	18.9	-3.9	-16.3	8.9	-5.0
商业贸易	10.1	5.7	5.0	-8.8	6.8	3.8	-7.8
农林牧渔	-2.4	2.3	52.6	35.3	-66.7	4.2	-12.2
公用事业	-10.3	13.6	15.3	10.7	-41.7	-2.5	-15.3

资料来源：笔者根据样本上市公司数据编制。

附表 2-2　2017~2021 年分行业税金及附加平均增速及其与营业收入平均增速的比较

单位：%

行业	2017 年	2018 年	2019 年	2020 年	2021 年	2019~2021 年三年平均	与分行业营业收入 2019~2021 年三年平均增速的比较
食品饮料	28.1	34.7	9.3	6.5	18.7	11.5	0.4
汽车	7.2	-6.8	-12.3	1.8	15.9	1.8	0.3
化工	2.4	4.3	-1.6	-2.0	14.3	3.6	-1.4
纺织服装	9.9	-0.8	-8.3	-13.1	5.4	-5.3	-2.7
采掘	8.7	9.7	4.8	-11.4	23.2	5.5	-3.0
通信	16.6	-5.1	0.1	-5.6	8.5	1.0	-4.4
休闲服务	-19.2	10.3	-0.9	-45.1	29.1	-5.6	-5.1
轻工制造	18.3	6.5	-4.1	-4.3	26.2	5.9	-5.3

续表

行业	2017 年	2018 年	2019 年	2020 年	2021 年	2019~2021 年三年平均	与分行业营业收入 2019~2021 年三年平均增速的比较
有色金属	47.2	19.3	-0.8	9.6	36.9	15.2	-5.8
公用事业	10.0	21.2	6.8	-1.3	3.9	3.1	-7.0
电气设备	19.6	-2.2	-2.5	8.0	17.2	7.6	-7.8
计算机	10.4	8.0	-0.6	0.7	5.4	1.8	-8.1
国防军工	20.9	2.0	-13.6	-3.7	6.6	-3.6	-8.6
电子	37.2	14.9	-0.7	4.4	19.6	7.8	-9.5
医药生物	25.8	14.9	-6.9	-4.9	9.5	-0.8	-9.7
家用电器	15.8	8.7	-2.7	-15.1	8.3	-3.2	-10.3
农林牧渔	38.5	40.6	22.5	0.4	4.2	9.0	-11.9
传媒	-14.6	4.8	-11.1	-31.4	2.5	-13.3	-12.7
钢铁	89.6	23.8	-15.0	-2.3	24.0	2.2	-12.9
机械设备	14.4	8.2	-6.0	1.6	4.3	-0.1	-13.3
商业贸易	17.5	-16.6	1.7	-15.4	3.8	-3.3	-14.2
建筑材料	26.1	46.2	3.5	-16.9	0.1	-4.4	-14.3
交通运输	3.7	19.4	-10.9	4.8	13.8	2.6	-15.8
建筑装饰	-35.0	15.2	0.6	-7.3	0.0	-2.2	-16.7
房地产	-5.4	21.4	23.4	-11.3	-20.8	-2.9	-17.2
综合	10.0	41.7	2.0	0.6	-38.6	-12.0	-17.3

资料来源：笔者根据样本上市公司数据编制。

附表 2-3　2017~2021 年分行业上市公司销售和管理费用平均增速及其与分行业营业收入平均增速的比较

单位%

行业	2017 年	2018 年	2019 年	2020 年	2021 年	五年平均	与分行业营业收入五年平均增速的比较
纺织服装	12.2	15.0	9.4	-11.1	9.0	6.9	4.0

续表

行业	2017 年	2018 年	2019 年	2020 年	2021 年	五年平均	与分行业营业收入五年平均增速的比较
建筑装饰	13.2	18.5	19.1	13.5	16.7	16.2	3.3
传媒	11.0	16.2	9.0	−1.5	10.3	9.0	3.3
国防军工	7.6	9.6	5.8	0.0	13.2	7.2	2.4
房地产	22.7	23.7	20.2	1.5	13.1	16.2	2.3
医药生物	24.9	29.5	12.6	−2.7	8.3	14.5	1.7
计算机	18.7	14.8	11.2	0.5	14.7	12.0	0.4
综合	11.8	20.8	11.3	−2.6	16.9	11.6	0.3
汽车	16.7	10.0	−2.2	−8.0	4.5	4.2	−0.4
通信	6.0	2.1	2.9	1.4	10.5	4.6	−1.2
公用事业	6.6	14.4	12.0	7.7	15.2	11.2	−1.6
轻工制造	18.6	17.9	12.6	−6.4	16.3	11.8	−2.1
机械设备	14.8	12.8	14.1	1.8	10.5	10.8	−2.5
电子	21.3	21.7	4.3	9.1	23.3	15.9	−3.3
电气设备	15.6	12.0	10.6	1.6	15.0	11.0	−3.3
家用电器	23.7	15.5	8.2	−7.0	6.6	9.4	−4.5
农林牧渔	10.3	10.7	14.3	11.0	12.7	11.8	−4.6
有色金属	16.3	12.4	11.1	−0.5	19.4	11.7	−5.7
食品饮料	7.8	11.4	12.0	−4.1	5.1	6.4	−6.2
化工	6.5	13.1	2.4	−2.4	3.7	4.7	−7.1
商业贸易	7.2	9.0	2.8	−4.5	5.8	4.1	−7.5
建筑材料	23.2	16.9	11.6	−2.7	6.5	11.1	−8.1
钢铁	14.6	24.7	10.5	−6.3	16.2	11.9	−8.2
交通运输	13.6	13.3	13.2	−9.6	16.5	9.4	−10.3
休闲服务	23.3	33.1	8.9	−52.9	−20.5	−1.6	−10.6
采掘	4.9	7.1	2.6	−6.2	−6.7	0.3	−13.1

资料来源：笔者根据样本上市公司数据编制。

附表 2-4　2017~2021 年分行业财务费用增速

单位:%

行业	2017 年	2018 年	2019 年	2020 年	2021 年	五年平均
传媒	145.0	27.6	29.3	-5.7	-17.3	35.8
农林牧渔	49.6	29.2	0.5	19.2	70.2	33.7
电子	105.5	8.0	6.7	33.6	-8.5	29.1
电气设备	75.7	19.1	15.1	10.7	-2.4	23.6
房地产	16.0	35.6	17.8	0.5	41.0	22.2
休闲服务	-15.9	14.0	-4.6	-37.3	144.2	20.1
商业贸易	21.6	21.0	-1.3	-3.1	53.8	18.4
计算机	93.7	17.1	7.1	-4.3	-29.7	16.8
汽车	97.1	2.0	4.6	17.5	-44.5	15.3
医药生物	48.8	17.5	19.4	-0.1	-14.9	14.1
通信	39.2	-71.0	102.6	-8.4	-1.6	12.2
建筑装饰	34.6	22.7	-20.4	6.5	7.4	10.2
交通运输	-34.7	78.4	11.3	-30.2	19.6	8.9
综合	22.5	12.9	7.9	-8.5	5.0	8.0
机械设备	48.2	-14.5	-0.3	31.2	-33.0	6.3
化工	-4.7	-1.3	40.9	-1.7	-2.2	6.2
轻工制造	30.5	8.4	0.2	5.9	-14.0	6.2
公用事业	6.5	16.8	5.2	-5.2	1.6	5.0
有色金属	19.8	8.7	7.7	-3.9	-9.3	4.6
纺织服装	36.2	12.0	-13.7	-8.1	-27.3	-0.2
采掘	4.8	-10.6	21.9	-8.8	-17.0	-1.9
建筑材料	22.3	-5.2	-6.6	-13.2	-20.0	-4.5
钢铁	-10.3	15.1	-22.5	-11.8	5.3	-4.8
国防军工	51.2	-52.3	-43.8	-58.0	-240.9	-68.8
食品饮料	-173.3	-580.6	-75.7	-23.6	-100.3	-190.7
家用电器	186.3	-105.4	-809.6	84.6	-1003.0	-329.4

资料来源：笔者根据样本上市公司数据编制。

附表 2-5　2017~2021 年分行业固定资产周转率

行业	2017 年	2018 年	2019 年	2020 年	2021 年
农林牧渔	1.070	1.053	1.089	1.188	1.129
电子	1.089	1.134	1.029	1.153	1.055
房地产	1.074	1.126	1.130	1.042	1.043
电气设备	1.105	1.065	1.064	1.068	1.040
计算机	1.074	1.048	1.048	1.013	1.026
医药生物	1.041	1.043	1.042	1.048	1.028
轻工制造	1.013	1.041	1.065	1.036	1.033
家用电器	1.019	1.032	1.031	1.022	1.077
有色金属	1.035	1.037	1.030	1.049	1.012
汽车	1.057	1.055	1.044	1.008	0.996
公用事业	1.041	1.037	1.020	1.019	1.034
食品饮料	1.012	1.009	1.030	1.044	1.035
传媒	1.029	1.021	1.049	1.008	1.006
建筑装饰	1.007	1.034	1.009	1.030	1.029
机械设备	1.024	1.020	1.043	1.002	1.021
化工	1.001	1.001	1.037	1.015	1.036
钢铁	1.029	1.006	1.009	1.029	1.000
国防军工	1.026	1.014	0.995	1.004	1.025
商业贸易	1.033	1.028	1.006	1.013	0.985
建筑材料	1.004	0.999	1.016	1.008	1.027
综合	0.986	1.024	1.049	0.978	1.012
交通运输	1.028	1.058	0.910	1.010	1.012
纺织服装	1.026	1.039	0.974	0.984	0.996
休闲服务	0.997	1.003	1.008	0.999	1.009
通信	0.999	0.982	0.969	1.009	0.995
采掘	1.014	0.987	1.020	0.907	1.021

资料来源：笔者根据样本上市公司数据编制。

附表 2-6　2017~2021 年分行业应收账款周转率

单位:%

行业	2017 年	2018 年	2019 年	2020 年	2021 年
农林牧渔	21. 44	21. 62	23. 77	29. 84	31. 97
商业贸易	25. 83	24. 16	24. 35	25. 16	28. 68
交通运输	16. 70	16. 73	17. 25	16. 85	20. 65
有色金属	13. 57	13. 96	16. 41	18. 17	20. 98
休闲服务	15. 45	16. 42	15. 38	12. 64	17. 15
采掘	11. 09	13. 07	15. 62	14. 42	18. 96
食品饮料	15. 03	14. 18	14. 32	14. 39	14. 29
化工	13. 74	14. 95	15. 59	12. 45	14. 90
房地产	17. 21	14. 55	13. 21	12. 11	11. 82
钢铁	10. 79	9. 81	9. 62	9. 72	13. 82
纺织服装	8. 06	7. 59	7. 30	6. 14	6. 90
轻工制造	5. 30	5. 55	5. 79	5. 74	6. 59
综合	6. 33	5. 62	5. 05	5. 96	5. 99
家用电器	5. 28	5. 42	5. 63	5. 56	5. 96
公用事业	6. 32	5. 93	5. 63	4. 87	5. 03
通信	5. 84	5. 47	5. 11	5. 21	5. 74
汽车	5. 35	5. 54	5. 54	5. 03	5. 57
传媒	5. 46	5. 31	5. 49	4. 90	5. 50
建筑装饰	4. 36	4. 72	5. 36	5. 73	6. 24
建筑材料	4. 69	4. 92	5. 21	5. 69	5. 76
电子	4. 04	3. 92	3. 88	4. 03	4. 68
医药生物	4. 02	3. 84	3. 78	3. 63	3. 82
计算机	3. 74	3. 71	3. 56	3. 69	4. 15
机械设备	2. 17	2. 42	2. 57	2. 69	2. 91
电气设备	2. 13	2. 15	2. 39	2. 57	2. 86
国防军工	2. 60	2. 43	2. 28	2. 28	2. 36

资料来源：笔者根据样本上市公司数据编制。

附表 2-7　2017~2021 年分行业存货周转率

单位：%

行业	2017 年	2018 年	2019 年	2020 年	2021 年
农林牧渔	9.81	10.78	11.07	10.66	15.53
化工	10.24	9.89	9.70	10.36	13.38
钢铁	8.88	9.81	9.47	7.58	8.69
通信	9.95	8.97	8.28	7.55	7.96
建筑材料	7.88	7.90	7.71	7.48	9.80
传媒	9.43	8.57	7.93	7.21	7.20
商业贸易	7.32	7.89	8.66	7.41	7.87
食品饮料	6.16	6.43	6.72	6.70	8.27
电气设备	6.05	5.92	6.22	6.59	7.70
医药生物	6.57	6.40	6.22	5.88	5.87
综合	6.47	6.20	6.02	5.72	5.56
有色金属	5.45	5.22	5.19	5.29	5.58
计算机	5.47	5.90	5.00	3.57	3.45
汽车	4.48	4.35	4.32	4.19	4.57
机械设备	4.27	4.23	4.35	4.28	4.46
轻工制造	4.27	4.40	4.27	4.06	3.79
交通运输	3.38	3.47	3.84	4.24	4.30
建筑装饰	3.67	3.77	3.64	3.62	4.16
公用事业	2.20	2.53	3.10	3.49	3.96
纺织服装	2.50	2.62	2.48	2.61	2.95
家用电器	2.22	2.29	2.38	2.63	2.81
采掘	2.63	2.44	2.32	2.22	2.38
电子	2.29	2.27	2.29	2.34	2.37
房地产	1.60	1.71	1.77	1.68	1.71
国防军工	1.21	1.41	1.42	1.55	1.73
休闲服务	0.31	0.29	0.29	0.30	0.34

资料来源：笔者根据样本上市公司数据编制。

附表 2-8　2017~2021 年分行业毛利率增速

单位:%

行业	2017 年	2018 年	2019 年	2020 年	2021 年
食品饮料	46.5	49.4	49.2	47.5	48.0
休闲服务	44.2	45.8	48.2	32.3	30.4
医药生物	32.8	34.4	33.4	32.5	31.8
房地产	29.7	32.3	31.6	27.0	20.7
纺织服装	26.7	27.8	28.9	27.6	29.8
建筑材料	27.6	29.3	29.3	26.6	25.0
传媒	26.9	25.3	23.9	26.0	25.9
计算机	27.0	26.3	25.7	24.7	23.9
通信	24.7	25.6	25.6	24.7	24.4
家用电器	25.1	24.8	25.1	23.4	22.0
采掘	23.5	24.3	22.1	21.4	23.3
机械设备	23.7	22.9	23.9	22.9	21.0
轻工制造	23.4	22.3	22.9	21.4	19.4
电气设备	22.6	21.0	21.5	20.6	20.5
电子	21.3	20.0	19.0	20.1	20.7
公用事业	20.5	20.6	21.5	24.0	11.6
化工	19.5	17.6	16.8	19.4	20.5
国防军工	17.2	16.1	16.5	17.5	17.2
农林牧渔	16.9	15.7	20.3	21.3	6.1
综合	14.5	15.7	16.9	16.1	15.6
汽车	15.6	14.9	14.4	13.9	12.9
钢铁	13.6	15.3	11.0	10.3	11.1
建筑装饰	11.4	11.9	11.2	11.0	11.1
商业贸易	11.9	12.2	12.2	10.8	9.2
有色金属	11.4	10.8	9.1	9.0	10.9
交通运输	11.5	11.2	10.9	7.0	9.2

资料来源：笔者根据样本上市公司数据编制。

附表 2-9　2017~2021 年分行业税金及附加/营业收入增速

单位：%

行业	2017 年	2018 年	2019 年	2020 年	2021 年
采掘	7.46	7.14	6.95	7.25	6.72
食品饮料	5.79	6.87	6.57	6.43	6.93
房地产	7.28	7.30	7.40	5.83	4.24
化工	6.91	6.04	5.82	7.03	6.10
休闲服务	1.00	1.12	1.18	1.63	2.10
综合	1.34	1.56	1.58	1.49	0.84
建筑材料	1.45	1.60	1.46	1.12	1.04
公用事业	1.18	1.26	1.22	1.22	1.05
汽车	1.16	1.05	0.95	0.98	1.04
机械设备	0.92	0.87	0.75	0.68	0.60
有色金属	0.77	0.85	0.75	0.71	0.72
纺织服装	0.82	0.78	0.72	0.74	0.72
轻工制造	0.82	0.77	0.71	0.65	0.66
医药生物	0.85	0.81	0.67	0.62	0.61
建筑装饰	0.82	0.86	0.74	0.61	0.53
电气设备	0.78	0.70	0.61	0.58	0.56
钢铁	0.67	0.73	0.61	0.58	0.51
家用电器	0.69	0.65	0.60	0.51	0.48
国防军工	0.64	0.60	0.50	0.49	0.46
商业贸易	0.70	0.56	0.55	0.45	0.37
电子	0.57	0.57	0.53	0.50	0.44
传媒	0.65	0.61	0.51	0.41	0.39
通信	0.57	0.53	0.52	0.47	0.46
计算机	0.57	0.52	0.48	0.45	0.42
农林牧渔	0.36	0.45	0.47	0.37	0.33
交通运输	0.39	0.40	0.32	0.33	0.26

资料来源：笔者根据样本上市公司数据编制。

附表 2-10 2017~2021 年分行业财务费用/营业收入增速

单位：%

行业	2017 年	2018 年	2019 年	2020 年	2021 年	五年平均
公用事业	6.79	7.01	6.70	6.39	5.38	6.45
综合	3.56	3.31	3.52	3.03	2.94	3.27
房地产	2.11	2.37	2.29	2.05	2.65	2.29
轻工制造	2.32	2.22	2.11	2.15	1.49	2.06
建筑材料	2.63	1.87	1.54	1.23	0.92	1.64
交通运输	1.33	2.06	2.07	1.39	1.18	1.61
电气设备	1.53	1.68	1.73	1.67	1.36	1.59
有色金属	1.72	1.73	1.67	1.38	0.93	1.49
电子	1.49	1.38	1.38	1.67	1.14	1.41
钢铁	1.71	1.73	1.31	1.13	0.84	1.34
采掘	1.57	1.22	1.39	1.49	0.93	1.32
休闲服务	1.30	1.19	1.11	0.96	1.89	1.29
纺织服装	1.29	1.37	1.20	1.31	0.87	1.21
机械设备	1.61	1.19	1.09	1.28	0.72	1.18
农林牧渔	1.01	1.18	1.01	0.93	1.37	1.10
医药生物	1.01	0.99	1.05	1.02	0.78	0.97
计算机	1.05	1.04	1.02	0.92	0.57	0.92
建筑装饰	1.02	1.12	0.77	0.73	0.68	0.86
化工	0.73	0.60	0.83	1.01	0.75	0.78
商业贸易	0.59	0.69	0.66	0.62	0.76	0.66
通信	1.16	0.33	0.65	0.58	0.51	0.65
传媒	0.50	0.57	0.69	0.76	0.59	0.62
汽车	0.56	0.55	0.60	0.71	0.36	0.56
国防军工	1.01	0.45	0.24	0.10	-0.13	0.33
家用电器	0.49	-0.02	-0.20	-0.03	-0.29	-0.01
食品饮料	-0.03	-0.16	-0.25	-0.29	-0.52	-0.25

资料来源：笔者根据样本上市公司数据编制。

附录三
上市公司研发支出分析

2021 年上市公司研发支出强度（研发支出/营业收入）为 2.2%（见附表 3-1），和 2017 年相比，增加了 0.5%。26 个行业中，仅农林牧渔行业的研发支出强度下降，其余行业都出现了上升。其中研发支出强度增加超过 1%的行业有通信、医药生物、汽车、国防军工、钢铁五个行业。技术含量要求较高的行业如计算机、医药生物、通信、国防军工，研发支出强度大体升高了 1%，而多数的传统行业研发支出强度增加了约 0.3%。

进一步比较上市公司研发支出在资产中配置状况，将 2017~2021 年研发支出合计和 2021 年总资产比较，2017 年上市公司总体研发支出占比为 5.9%，与非经营性资产占比增加比例 8.4%相比，少 2.5%（见附表 3-2），说明上市公司 2017~2021 年的总体资源配置偏向了对外投资和金融资产。分行业来看，有 14 个行业研发支出占资产比例超过了非经营性资产占比增加比例，较为明显的行业是计算机、电子、通信、汽车、国防军工、医药生物、轻工制造、农林牧渔，差异大于 3%；研发支出占比低于非经营性资产占比增加比例的有 12 个行业，交通运输、食品饮料、采掘、建筑材料、建筑装饰、商业贸易，差异值低于-9%。这一现象说明，由于技术研发对企业竞争力影响相对较低，多数传统行业并没有转变观念，将更多的资源配置到技术研发上。

附表 3-1　2017~2021 年分行业上市公司研发支出强度（研发支出/营业收入）

单位：%

行业	2017 年	2018 年	2019 年	2020 年	2021 年	两年差值
采掘	0.9	0.9	0.9	1.2	1.1	0.2
传媒	2.5	2.6	2.7	3.1	3.4	0.9
电气设备	4.2	4.3	4.3	4.3	4.7	0.5
电子	4.9	5.3	5.7	5.9	5.5	0.6
房地产	0.0	0.1	0.2	0.2	0.2	0.2
纺织服装	1.8	1.7	1.9	2.0	2.2	0.4
钢铁	1.8	2.2	2.5	2.8	2.8	1.0
公用事业	0.4	0.4	0.6	0.7	0.9	0.5
国防军工	4.4	4.7	5.0	5.4	5.5	1.1
化工	0.8	1.0	1.1	1.3	1.3	0.5
机械设备	4.2	4.3	4.9	5.0	4.9	0.7
计算机	7.7	7.9	8.4	8.4	8.6	0.9
家用电器	3.1	3.3	3.3	3.4	3.5	0.4
建筑材料	1.1	1.0	1.1	1.2	1.4	0.3
建筑装饰	1.8	1.9	2.1	2.4	2.5	0.7
交通运输	0.1	0.2	0.3	0.3	0.3	0.2
农林牧渔	1.2	1.2	1.2	1.1	1.1	-0.1
汽车	2.4	3.1	3.3	3.4	3.5	1.1
轻工制造	2.0	2.0	2.2	2.3	2.3	0.3
商业贸易	0.1	0.1	0.1	0.1	0.1	0
食品饮料	0.8	0.8	0.8	0.8	0.9	0.1
通信	4.4	4.4	5.0	5.5	6.3	1.9
休闲服务	0.1	0.1	0.2	0.2	0.2	0.1
医药生物	2.4	2.8	2.9	3.2	3.6	1.2
有色金属	1.1	1.3	1.4	1.4	1.4	0.3

续表

行业	2017 年	2018 年	2019 年	2020 年	2021 年	两年差值
综合	1.1	1.2	1.4	1.4	1.9	0.8
总体	1.7	1.9	2.0	2.2	2.2	0.5

资料来源：笔者根据样本上市公司数据编制。

附表 3-2　2017~2021 年分行业研发支出和非经营性资产占总资产比重

单位：%

行业	研发支出占比	非经营性资产占比增加	研发支出占比-非经营性资产占比增加
采掘	3.8	14.5	-10.7
传媒	9.0	5.8	3.2
电气设备	10.4	8.6	1.8
电子	14.8	0.2	14.6
房地产	0.1	2.5	-2.4
纺织服装	7.1	10.3	-3.2
钢铁	10.9	7.5	3.4
公用事业	0.9	3.3	-2.4
国防军工	9.8	4.4	5.4
化工	5.3	7.9	-2.6
机械设备	12.1	8.5	3.6
计算机	25.8	0.2	25.6
家用电器	14.0	11.2	2.8
建筑材料	3.2	13.0	-9.8
建筑装饰	6.7	16.3	-9.6
交通运输	0.7	14.9	-14.2
农林牧渔	3.8	-0.4	4.2
汽车	13.4	6.5	6.9
轻工制造	7.5	3.3	4.2

续表

行业	研发支出占比	非经营性资产占比增加	研发支出占比-非经营性资产占比增加
商业贸易	0.6	9.9	-9.3
食品饮料	2.5	13.3	-10.8
通信	16.3	6.5	9.8
休闲服务	0.5	3.8	-3.3
医药生物	10.3	5.8	4.5
有色金属	6.4	5.0	1.4
综合	3.3	3.4	-0.1
上市公司总体	5.9	8.4	-2.5

资料来源：笔者根据样本上市公司数据编制。

附录四

上市公司分行业主要投资与融资指标

附表 4-1　2017~2021 年分行业上市公司存货投资增速

单位：%

行业	2017 年	2018 年	2019 年	2020 年	2021 年	五年平均
公用事业	42.3	15.5	5.9	-8.7	60.9	23.2
交通运输	34.5	14.0	8.4	10.5	43.5	22.2
电子	27.5	21.4	8.0	9.8	31.3	19.6
钢铁	28.7	12.3	18.4	3.2	34.5	19.4
建筑材料	42.7	24.4	10.3	13.2	5.6	19.2
农林牧渔	12.0	10.0	11.1	34.6	21.2	17.8
家用电器	29.1	12.8	7.8	6.7	28.0	16.9
建筑装饰	20.3	15.5	15.0	13.5	17.1	16.3
有色金属	12.6	5.6	11.9	19.3	31.8	16.2
轻工制造	21.0	17.6	4.9	2.6	31.5	15.5
电气设备	21.2	8.6	6.6	13.4	22.6	14.5
传媒	26.6	11.7	3.4	6.2	21.6	13.9
商业贸易	21.8	3.0	2.9	13.4	27.2	13.7
房地产	27.2	8.6	22.5	5.5	2.2	13.2
计算机	6.8	21.1	6.6	6.6	21.5	12.5
化工	30.6	22.2	1.2	-23.0	31.4	12.5
机械设备	6.1	20.1	4.5	11.6	18.8	12.2
医药生物	18.5	15.5	12.7	2.8	10.6	12.0

续表

行业	2017年	2018年	2019年	2020年	2021年	五年平均
采掘	28.0	20.6	8.9	-18.3	20.1	11.9
食品饮料	16.4	10.0	14.9	8.1	6.5	11.2
休闲服务	28.4	21.8	-10.8	-15.0	20.0	8.9
综合	11.1	13.0	7.0	8.1	3.2	8.5
国防军工	8.7	6.6	9.5	-3.3	14.4	7.2
通信	6.5	2.6	-3.0	8.6	9.2	4.8
纺织服装	27.7	1.8	-7.0	-20.1	15.9	3.7
汽车	14.3	4.5	-18.2	-2.7	11.2	1.8

资料来源：笔者根据样本上市公司数据编制。

附表4-2　2017~2021年分行业上市公司经营性资产占比

单位：%

行业	2017年	2018年	2019年	2020年	2021年	两年差值
采掘	82.3	81.3	76.3	70.5	67.8	-14.5
传媒	44.9	47.0	43.2	40.7	39.1	-5.8
电气设备	70.4	68.8	64.4	61.8	61.8	-8.6
电子	69.2	72.1	70.3	69.0	69.1	-0.1
房地产	65.9	64.4	65.5	63.4	63.3	-2.6
纺织服装	66.8	68.1	61.6	58.4	56.5	-10.3
钢铁	82.3	81.4	75.5	75.2	74.8	-7.5
公用事业	80.4	79.8	79.3	77.9	77.1	-3.3
国防军工	67.7	68.8	64.7	63.9	63.3	-4.4
化工	74.5	73.7	69.6	66.7	66.6	-7.9
机械设备	71.4	69.5	65.8	63.1	62.9	-8.5
计算机	51.1	52.6	50.2	47.6	50.9	-0.2
家用电器	59.9	62.2	51.7	48.2	48.7	-11.2
建筑材料	77.3	74.2	69.7	65.6	64.3	-13.0

续表

行业	2017 年	2018 年	2019 年	2020 年	2021 年	两年差值
建筑装饰	60.7	52.1	49.1	44.4	44.5	-16.2
交通运输	71.8	72.2	59.7	59.3	56.8	-15.0
农林牧渔	71.6	72.9	70.5	74.6	72.0	0.4
汽车	58.9	60.3	56.3	54.5	52.3	-6.6
轻工制造	71.2	71.5	68.2	67.3	68.0	-3.2
商业贸易	57.8	56.8	53.9	53.7	47.9	-9.9
食品饮料	59.3	57.6	50.6	48.3	46.0	-13.3
通信	74.9	75.1	69.9	70.0	68.4	-6.5
休闲服务	50.3	51.5	51.8	52.9	46.5	-3.8
医药生物	61.9	63.3	59.5	56.8	56.1	-5.8
有色金属	73.8	73.1	69.2	70.5	68.8	-5.0
综合	53.0	51.5	50.1	48.7	49.6	-3.4

资料来源：笔者根据样本上市公司数据编制。

附表 4-3　2017~2021 年分行业上市公司金融性资产占比分析

单位：%

行业	2017 年	2018 年	2019 年	2020 年	2021 年	两年差值
采掘	9.8	9.8	9.1	11.6	14.1	4.3
传媒	27.4	27.5	27.2	27.2	27.4	0
电气设备	18.7	17.9	16.7	16.9	16.5	-2.2
电子	21.2	18.3	18.4	19.2	19.0	-2.2
房地产	19.7	18.9	17.6	17.6	16.1	-3.6
纺织服装	23.6	22.2	23.8	27.2	26.8	3.2
钢铁	11.4	12.8	11.0	10.9	12.0	0.6
公用事业	8.2	7.8	6.2	6.4	6.1	-2.1
国防军工	25.6	23.4	24.9	24.6	25.2	-0.4
化工	14.7	14.4	11.8	13.7	14.5	-0.2
机械设备	16.4	15.4	16.2	16.9	18.1	1.7

续表

行业	2017 年	2018 年	2019 年	2020 年	2021 年	两年差值
计算机	25.0	24.3	25.7	27.6	25.2	0.2
家用电器	28.9	26.7	30.8	32.1	28.0	-0.9
建筑材料	15.5	17.1	20.6	23.2	23.2	7.7
建筑装饰	19.9	18.1	16.3	16.1	14.5	-5.4
交通运输	14.4	13.4	11.8	14.1	17.3	2.9
农林牧渔	15.2	13.8	14.4	13.7	12.8	-2.4
汽车	25.2	22.2	21.6	23.2	25.3	0.1
轻工制造	17.7	17.9	18.7	19.8	18.7	1.0
商业贸易	29.7	29.3	28.1	29.0	27.0	-2.7
食品饮料	36.0	37.1	29.0	32.3	34.7	-1.3
通信	14.3	12.4	13.9	14.5	17.0	2.7
休闲服务	26.8	24.5	21.1	22.3	20.3	-6.5
医药生物	20.4	19.3	20.0	21.6	22.1	1.7
有色金属	16.5	15.0	14.9	13.9	15.5	-1.0
综合	24.4	25.6	23.3	25.5	20.9	-3.5
上市公司总体	17.8	16.9	16.0	16.9	17.0	-0.8

资料来源：笔者根据样本上市公司数据编制。

附表 4-4　2017~2021 年分行业上市公司其他资产占比分析

单位：%

行业	2017 年	2018 年	2019 年	2020 年	2021 年	两年差值
采掘	7.9	8.9	14.6	17.9	18.1	10.2
传媒	27.7	25.5	29.6	32.2	33.5	5.8
电气设备	10.9	13.3	18.9	21.3	21.7	10.8
电子	9.6	9.6	11.3	11.8	11.9	2.3
房地产	14.4	16.7	16.9	19.0	20.6	6.2
纺织服装	9.6	9.7	14.6	14.5	16.6	7.0

续表

行业	2017 年	2018 年	2019 年	2020 年	2021 年	两年差值
钢铁	6.2	5.8	13.5	13.9	13.2	7.0
公用事业	11.4	12.4	14.5	15.7	16.8	5.4
国防军工	6.7	7.8	10.4	11.5	11.5	4.8
化工	10.8	12.0	18.7	19.6	18.9	8.1
机械设备	12.2	15.2	18.0	20.0	19.0	6.8
计算机	23.8	23.0	24.1	24.8	23.9	0.1
家用电器	11.2	11.1	17.5	19.7	23.3	12.1
建筑材料	7.1	8.8	9.7	11.3	12.4	5.3
建筑装饰	19.4	29.8	34.6	39.5	41.1	21.7
交通运输	13.8	14.3	28.6	26.6	25.8	12.0
农林牧渔	13.1	13.3	15.1	11.7	15.1	2.0
汽车	15.9	17.6	22.1	22.3	22.4	6.5
轻工制造	11.1	10.6	13.1	12.9	13.3	2.2
商业贸易	12.5	13.9	18.0	17.3	25.1	12.6
食品饮料	4.7	5.3	20.4	19.4	19.3	14.6
通信	10.9	12.5	16.2	15.5	14.7	3.8
休闲服务	22.9	24.0	27.1	24.8	33.1	10.2
医药生物	17.7	17.5	20.5	21.6	21.8	4.1
有色金属	9.7	11.9	15.9	15.6	15.7	6.0
综合	22.6	22.9	26.6	25.9	29.5	6.9
上市公司总体	13.1	15.5	19.9	21.5	22.3	9.2

资料来源：笔者根据样本上市公司数据编制。

附表 4-5　2017~2021 年分行业上市公司融资净现金流增速

单位：%

行业	2017 年	2018 年	2019 年	2020 年	2021 年
农林牧渔	187.0	-85.2	-129.9	9822.5	-30.8

续表

行业	2017 年	2018 年	2019 年	2020 年	2021 年
公用事业	74. 6	−196. 1	−183. 4	89. 1	1099. 5
建筑装饰	344. 8	74. 5	−15. 9	46. 4	−27. 9
电子	−30. 3	−42. 0	−59. 7	256. 1	−34. 5
电气设备	−3. 0	−53. 8	−38. 3	−1. 7	141. 0
采掘	−45. 4	−15. 1	34. 7	−34. 6	−32. 9
食品饮料	43. 0	−145. 4	−3. 0	−14. 1	18. 6
计算机	−59. 1	−87. 6	−208. 9	210. 6	15. 4
纺织服装	69. 8	−175. 1	−76. 4	53. 6	−3. 6
通信	−143. 7	−47. 3	38. 1	−31. 0	25. 9
汽车	−11. 4	−167. 6	4. 2	−68. 0	45. 4
轻工制造	17. 8	−258. 6	8. 5	5. 8	−13. 7
有色金属	79. 5	−74. 6	−209. 7	151. 6	−208. 6
钢铁	−107. 5	−51. 6	47. 8	0. 4	−2. 3
建筑材料	0. 4	−2. 9	−1. 4	−0. 1	46. 4
国防军工	−39. 5	−76. 1	34. 8	−473. 6	195. 3
化工	39. 7	−300. 5	2. 7	107. 5	−245. 6
家用电器	−1. 8	−170. 3	−65. 2	15. 5	−175. 0
传媒	−79. 4	−217. 7	−118. 6	52. 2	−55. 3
商业贸易	−134. 2	−15. 5	−142. 4	−17. 0	−127. 6
房地产	111. 9	−51. 9	−65. 7	−1. 8	−547. 2
交通运输	−30. 6	−293. 6	−456. 6	152. 2	−86. 2
机械设备	−95. 2	−836. 3	−223. 0	61. 7	159. 2
综合	−118. 1	−92. 6	−129. 8	97. 3	−858. 0
医药生物	−24. 2	−78. 3	−471. 7	90. 6	−799. 2
休闲服务	−102. 0	−2472. 5	12. 1	103. 7	−1911. 9

资料来源：笔者根据样本上市公司数据编制。

附表 4-6　2017~2021 年分行业上市公司融资净现金流规模

单位：百亿元

行业	2017 年	2018 年	2019 年	2020 年	2021 年	五年累计
建筑装饰	11.6	20.2	17.0	24.9	18.0	91.7
房地产	40.4	19.4	6.7	6.6	-29.3	43.8
电子	11.0	6.4	2.6	9.1	6.0	35.1
电气设备	6.9	3.2	2.0	1.9	4.7	18.7
农林牧渔	2.0	0.3	-0.1	8.7	6.1	17.0
计算机	4.5	0.6	-0.6	0.7	0.8	6.0
有色金属	4.2	1.1	-1.2	0.6	-0.7	4.0
国防军工	1.6	0.4	0.5	-1.9	1.9	2.5
公用事业	3.0	-2.9	-8.3	-0.9	9.0	-0.1
医药生物	5.2	1.1	-4.2	-0.4	-3.5	-1.8
休闲服务	0.0	-0.8	-0.7	0.0	-0.5	-2.0
纺织服装	1.0	-0.7	-1.3	-0.6	-0.6	-2.2
综合	-0.3	-0.5	-1.2	0.0	-0.3	-2.3
轻工制造	1.1	-1.8	-1.7	-1.6	-1.8	-5.8
机械设备	0.2	-1.3	-4.3	-1.6	1.0	-6.0
交通运输	1.2	-2.3	-12.8	6.7	0.9	-6.3
商业贸易	-0.4	-0.5	-1.2	-1.4	-3.3	-6.8
传媒	1.4	-1.7	-3.7	-1.8	-2.7	-8.5
通信	-1.9	-2.8	-1.7	-2.3	-1.7	-10.4
建筑材料	-0.4	-1.6	-3.8	-4.2	-2.3	-12.3
汽车	6.1	-4.2	-4.0	-6.7	-3.7	-12.5
家用电器	2.8	-2.0	-3.3	-2.8	-7.6	-12.9
化工	-2.2	-9.0	-8.7	0.7	-1.0	-20.2
食品饮料	-1.9	-4.7	-4.8	-5.5	-4.5	-21.4
钢铁	-6.4	-9.8	-5.1	-3.0	-10.1	-34.4
采掘	-18.8	-21.6	-14.1	-19.0	-25.2	-98.7

资料来源：笔者根据样本上市公司数据编制。

附表 4-7 2017~2021 年分行业上市公司净债务融资现金流规模

单位：百亿元

行业	2017 年	2018 年	2019 年	2020 年	2021 年	五年累计
房地产	50.3	37.3	23.4	24.8	-11.1	124.7
建筑装饰	13.3	16.1	16.9	18.1	22.4	86.8
公用事业	15.4	7.8	1.9	4.9	23.9	53.9
电子	10.6	8.1	4.5	6.4	1.7	31.3
化工	3.6	3.5	4.0	7.3	11.6	30.0
交通运输	7.1	6.2	-5.4	11.0	7.3	26.2
农林牧渔	2.7	1.7	0.3	7.5	8.6	20.8
电气设备	5.7	5.0	2.1	2.1	4.6	19.5
家用电器	4.9	0.9	0.9	6.1	3.1	15.9
医药生物	5.9	5.3	0.9	2.9	-0.1	14.9
有色金属	2.4	4.2	2.9	3.9	1.1	14.5
汽车	7.1	4.5	3.9	-1.6	-1.1	12.8
计算机	3.5	1.6	0.1	-0.1	0.7	5.8
轻工制造	1.3	2.4	0.2	0.1	0.7	4.7
机械设备	0.3	1.4	-1.8	0.9	2.0	2.8
传媒	2.6	1.0	-0.4	0.3	-0.7	2.8
食品饮料	1.1	0.0	0.8	0.6	0.0	2.5
商业贸易	-0.1	1.6	0.8	0.3	-0.5	2.1
建筑材料	0.9	2.2	-0.6	-0.8	0.3	2.0
纺织服装	0.7	0.7	-0.1	0.2	0.0	1.5
休闲服务	-0.2	-0.3	-0.2	0.4	-0.3	-0.6
综合	0.1	0.0	-0.8	0.3	-0.2	-0.6
国防军工	-1.1	-0.4	0.3	-2.2	0.8	-2.6
钢铁	-4.1	-4.1	-0.5	0.5	-4.1	-12.3
通信	-9.4	-2.0	-0.7	-2.0	0.7	-13.4
采掘	-7.8	-9.1	2.2	-3.1	-4.3	-22.1

资料来源：笔者根据样本上市公司数据编制。

附表 4-8　2017~2021 年分行业上市公司净债务融资现金流增速

单位：%

行业	2017 年	2018 年	2019 年	2020 年	2021 年	五年平均
食品饮料	276.3	-98.0	3521.0	-20.6	-104.2	714.9
农林牧渔	499.0	-38.0	-84.7	2855.0	14.4	649.1
计算机	11.3	-55.1	-96.0	-175.9	1512.7	239.4
轻工制造	494.8	80.5	-92.0	-50.9	591.1	204.7
商业贸易	85.8	1336.4	-51.2	-65.9	-293.7	202.3
纺织服装	397.4	4.6	-113.0	333.1	-81.1	108.2
公用事业	82.4	-49.6	-75.0	150.0	392.1	100.0
家用电器	10.2	-82.3	2.6	587.1	-49.4	93.6
化工	158.1	-0.7	13.1	81.9	59.7	62.4
机械设备	-84.9	348.5	-227.1	152.2	118.5	61.4
医药生物	189.7	-8.9	-82.6	212.3	-104.7	41.2
建筑装饰	101.3	20.7	4.8	7.5	23.8	31.6
电气设备	105.0	-13.0	-57.4	-0.1	114.0	29.7
建筑材料	-17.8	159.3	-124.4	-53.5	134.2	19.6
有色金属	63.1	75.1	-31.0	36.6	-72.4	14.3
交通运输	-32.9	-12.2	-186.0	304.4	-33.1	8.0
休闲服务	-116.2	-94.3	38.9	311.1	-177.6	-7.6
电子	24.7	-23.2	-44.0	41.8	-73.1	-14.8
房地产	95.6	-25.8	-37.3	5.8	-144.7	-21.3
汽车	5.6	-36.3	-13.3	-140.2	28.2	-31.2
采掘	-33.3	-16.1	124.4	-239.4	-40.9	-41.1
传媒	53.5	-62.7	-146.3	176.7	-309.0	-57.6
通信	-402.9	78.2	67.6	-206.3	136.2	-65.4
钢铁	-148.9	0.9	88.4	212.5	-864.5	-142.3
国防军工	-753.7	67.1	167.4	-950.1	136.3	-266.6
综合	-87.2	-94.4	-12972.8	136.0	-182.9	-2640.3

资料来源：笔者根据样本上市公司数据编制。

附表 4-9 2017~2021 年分行业上市公司权益融资现金流增速

单位:%

行业	2017 年	2018 年	2019 年	2020 年	2021 年	五年平均
休闲服务	-73.3	-59.4	-80.1	214.7	1448.8	290.1
家用电器	3.9	-25.3	-61.9	872.4	-78.9	142.0
通信	203.9	-89.7	-46.9	431.0	-56.8	88.3
纺织服装	-24.7	-50.7	-88.6	147.5	255.7	47.8
食品饮料	-2.3	-21.8	-13.1	72.0	186.9	44.3
钢铁	-56.5	146.9	61.9	-18.7	10.2	28.8
农林牧渔	-0.3	-37.2	71.4	108.4	-33.7	21.7
建筑装饰	-20.5	58.6	11.5	47.0	-5.9	18.1
建筑材料	47.2	-9.1	-36.5	51.1	36.2	17.8
电子	-46.4	-28.3	27.0	75.0	45.3	14.5
汽车	-6.2	-52.2	57.0	-24.6	90.2	12.8
商业贸易	-53.8	-4.1	-77.1	178.7	11.2	11.0
交通运输	-51.4	3.9	48.1	50.9	2.9	10.9
机械设备	-53.8	-12.9	62.1	46.1	10.2	10.3
国防军工	6.2	-64.3	-11.7	-51.6	157.1	7.1
医药生物	-38.0	0.5	-58.0	98.1	15.4	3.6
房地产	-24.0	57.2	-30.9	22.3	-9.3	3.1
计算机	-62.9	-55.1	-22.3	130.7	24.7	3.0
有色金属	-1.0	-17.2	30.7	-2.9	1.3	2.2
电气设备	-38.0	-40.3	18.2	21.5	35.8	-0.6
化工	-53.4	9.8	-54.1	112.0	-17.8	-0.7
公用事业	-30.8	42.6	-19.6	19.8	-16.3	-0.9
传媒	-75.6	-42.5	-64.1	153.2	0.3	-5.7
采掘	26.3	-51.4	-54.4	22.1	-1.2	-11.7
轻工制造	-25.6	-53.9	-11.6	-17.3	26.8	-16.3
综合	-51.0	-67.8	-11.8	81.0	-58.2	-21.6

资料来源：笔者根据样本上市公司数据编制。

附表 4-10 2017~2021 年分行业上市公司有息负债占比

单位：%

行业	2017 年	2018 年	2019 年	2020 年	2021 年	两年差值
采掘	48.5	44.1	41.0	41.0	38.3	-10.2
传媒	32.9	35.0	32.6	31.3	27.6	-5.3
电气设备	34.5	37.9	35.9	33.6	32.2	-2.3
电子	50.2	51.1	52.1	53.2	48.4	-1.8
房地产	39.9	37.2	35.2	33.6	31.1	-8.8
纺织服装	45.4	49.6	48.4	49.1	45.8	0.4
钢铁	49.0	45.5	42.8	42.3	38.9	-10.1
公用事业	78.1	76.7	76.3	76.6	74.0	-4.1
国防军工	34.2	32.6	27.3	19.3	18.1	-16.1
化工	43.3	43.9	42.7	41.4	39.6	-3.7
机械设备	38.1	37.2	33.4	30.2	28.2	-9.9
计算机	36.4	37.9	36.6	31.8	30.0	-6.4
家用电器	24.5	24.9	23.8	23.7	21.9	-2.6
建筑材料	56.1	52.6	52.4	49.8	46.9	-9.2
建筑装饰	30.9	31.0	31.6	31.8	32.1	1.2
交通运输	65.6	65.0	51.9	49.4	45.8	-19.8
农林牧渔	56.5	56.9	54.0	58.1	56.6	0.1
汽车	26.4	27.6	27.4	24.5	22.7	-3.7
轻工制造	60.5	62.5	63.1	59.0	56.0	-4.5
商业贸易	31.4	33.3	33.0	32.2	26.9	-4.5
食品饮料	21.2	19.3	19.6	20.4	17.8	-3.4
通信	26.0	25.6	23.6	21.5	21.6	-4.4
休闲服务	53.8	50.4	48.3	47.0	37.1	-16.7
医药生物	39.8	41.6	41.6	41.7	37.4	-2.4
有色金属	66.1	68.0	65.1	65.2	60.6	-5.5
综合	67.0	63.0	53.0	55.6	54.4	-12.6
上市公司总体	44.1	43.0	40.9	39.6	37.7	-6.4

资料来源：笔者根据样本上市公司数据编制。

附表 4-11　2017~2021 年分行业上市公司长期有息负债占比

单位:%

行业	2017 年	2018 年	2019 年	2020 年	2021 年	两年差值
采掘	60.7	63.1	59.1	62.5	69.8	9.1
传媒	44.7	45.6	42.0	40.7	35.0	-9.7
电气设备	46.5	45.5	47.0	49.6	53.6	7.1
电子	52.5	51.0	50.7	57.2	56.6	4.1
房地产	70.3	70.1	65.8	68.3	66.7	-3.6
纺织服装	30.7	26.1	24.5	28.2	26.4	-4.3
钢铁	26.5	29.5	31.5	39.0	35.5	9.0
公用事业	68.5	70.0	69.6	69.2	70.5	2.0
国防军工	38.0	38.5	40.1	45.4	39.0	1.0
化工	40.2	41.4	38.6	43.3	46.9	6.7
机械设备	38.6	34.4	34.4	39.2	42.3	3.7
计算机	36.5	36.3	35.5	37.4	34.2	-2.3
家用电器	45.2	40.0	46.5	43.9	25.5	-19.7
建筑材料	44.0	39.2	42.8	49.5	48.9	4.9
建筑装饰	63.2	64.1	66.1	70.1	71.1	7.9
交通运输	63.3	63.6	65.3	61.6	61.9	-1.4
农林牧渔	32.8	28.1	29.5	46.9	50.7	17.9
汽车	36.2	40.1	38.4	46.0	41.9	5.7
轻工制造	28.3	25.6	26.3	27.8	25.4	-2.9
商业贸易	31.4	28.3	30.7	32.2	26.0	-5.4
食品饮料	25.3	31.9	33.1	34.8	41.3	16.0
通信	28.6	19.1	32.6	42.2	45.0	16.4
休闲服务	67.1	63.9	61.5	57.0	37.6	-29.5
医药生物	35.3	33.7	32.0	28.2	30.0	-5.3
有色金属	37.8	39.7	36.3	42.5	44.8	7.0
综合	41.3	34.6	35.9	35.6	30.5	-10.8
上市公司总体	55.5	55.9	55.3	58.2	58.6	3.1

资料来源：笔者根据样本上市公司数据编制。

附表 4-12　2017~2021 年分行业上市公司应付账款周转天数

单位：天

行业	2017 年	2018 年	2019 年	2020 年	2021 年	两年差值
采掘	28	17	30	38	33	5
传媒	29	28	30	57	54	25
电气设备	42	55	57	65	59	17
电子	30	33	32	38	36	6
房地产	14	26	27	55	56	42
纺织服装	18	16	16	23	25	7
钢铁	22	22	20	30	25	3
公用事业	36	35	33	43	39	3
国防军工	40	43	45	65	74	34
化工	18	20	21	26	25	7
机械设备	41	45	45	54	52	11
计算机	27	27	28	47	46	19
家用电器	31	29	31	40	39	8
建筑材料	22	29	27	29	30	8
建筑装饰	45	58	64	69	68	23
交通运输	13	13	14	23	25	12
农林牧渔	10	10	11	19	19	9
汽车	31	30	34	43	42	11
轻工制造	16	17	17	23	22	6
商业贸易	14	14	15	25	22	8
食品饮料	14	16	17	35	40	26
通信	57	70	67	72	68	11
休闲服务	24	21	24	30	25	1
医药生物	25	26	25	28	29	4
有色金属	8	9	9	9	9	1
综合	12	11	13	22	21	9
上市公司总体	26	30	32	45	43	17

资料来源：笔者根据样本上市公司数据编制。

附表 4-13　2017~2021 年分行业上市公司应收账款周转天数

单位：天

行业	2017 年	2018 年	2019 年	2020 年	2021 年	两年差值
采掘	33	28	23	25	19	-14
传媒	67	69	67	74	66	-1
电气设备	172	169	153	142	128	-44
电子	90	93	94	91	78	-12
房地产	21	25	28	30	31	10
纺织服装	45	48	50	59	53	8
钢铁	34	37	38	38	26	-8
公用事业	58	62	65	75	73	15
国防军工	141	150	160	160	155	14
化工	27	24	23	29	24	-3
机械设备	168	151	142	135	125	-43
计算机	98	98	103	99	88	-10
家用电器	69	67	65	66	61	-8
建筑材料	78	74	70	64	63	-15
建筑装饰	84	77	68	64	58	-26
交通运输	22	22	21	22	18	-4
农林牧渔	17	17	15	12	11	-6
汽车	68	66	66	73	66	-2
轻工制造	69	66	63	64	55	-14
商业贸易	14	15	15	15	13	-1
食品饮料	24	26	25	25	26	2
通信	63	67	71	70	64	1
休闲服务	24	22	24	29	21	-3
医药生物	91	95	97	101	95	4
有色金属	27	26	22	20	17	-10
综合	58	65	72	61	61	3
上市公司总体	56	55	53	55	48	-8

资料来源：笔者根据样本上市公司数据编制。

附表 4-14　2017~2021 年分行业上市公司净商业信用融资提供天数

单位：天

行业	2017 年	2018 年	2019 年	2020 年	2021 年	两年差值
采掘	5	11	-6	-13	-14	-19
传媒	38	40	37	18	13	-25
电气设备	130	114	96	77	68	-62
电子	60	60	62	53	42	-18
房地产	8	-1	1	-25	-25	-33
纺织服装	27	32	34	37	28	1
钢铁	12	15	18	8	1	-11
公用事业	22	27	32	32	34	12
国防军工	100	107	115	94	81	-19
化工	9	4	3	4	-1	-10
机械设备	127	105	97	82	73	-54
计算机	71	71	74	52	42	-29
家用电器	38	38	34	26	22	-16
建筑材料	56	46	44	35	33	-23
建筑装饰	38	19	4	-6	-9	-47
交通运输	9	9	7	-2	-7	-16
农林牧渔	7	7	4	-6	-8	-15
汽车	37	35	32	30	23	-14
轻工制造	53	49	46	40	34	-19
商业贸易	0	1	0	-11	-9	-9
食品饮料	10	9	9	-9	-15	-25
通信	6	-3	5	-2	-5	-11
休闲服务	0	1	0	-1	-3	-3
医药生物	66	69	72	73	67	1
有色金属	18	17	13	11	9	-9
综合	46	54	59	39	40	-6
上市公司总体	31	25	21	9	4	-27

资料来源：笔者根据样本上市公司数据编制。

附录五
各省份上市公司的主要财务指标

附表 5-1　2017~2021 年各省份上市公司的经营性资产占比分析

单位:%

省份	2017 年	2021 年	两年差值
广西	69. 7	71. 5	1. 8
重庆	65. 4	66. 2	0. 8
辽宁	55. 2	54. 7	-0. 5
海南	59. 1	58. 3	-0. 8
西藏	70. 4	67. 9	-2. 5
湖北	73. 2	70. 6	-2. 6
广东	62. 9	60. 3	-2. 6
吉林	65. 4	62. 7	-2. 7
福建	69. 5	66. 7	-2. 8
浙江	64. 3	61. 0	-3. 3
河南	74. 0	70. 1	-3. 9
新疆	76. 2	71. 7	-4. 5
天津	70. 9	66. 4	-4. 5
北京	66. 6	61. 8	-4. 8
上海	59. 3	54. 2	-5. 1
四川	63. 4	57. 9	-5. 5
湖南	68. 7	63. 1	-5. 6

续表

省份	2017 年	2021 年	两年差值
青海	71.6	65.2	-6.4
内蒙古	64.9	57.2	-7.7
山东	71.8	64.1	-7.7
云南	74.8	66.7	-8.1
贵州	46.1	37.0	-9.1
河北	74.9	65.6	-9.3
江西	67.1	57.8	-9.3
江苏	68.4	58.9	-9.5
山西	78.5	67.9	-10.6
黑龙江	58.5	47.9	-10.6
安徽	71.1	58.8	-12.3
甘肃	81.0	67.8	-13.2
宁夏	79.7	66.3	-13.4
陕西	80.2	64.1	-16.1

资料来源：笔者根据样本上市公司数据编制。

附表 5-2　2017~2021 年各省份上市公司的金融性资产占比分析

单位：%

省份	2017 年	2021 年	两年差值
陕西	14.1	26.4	12.3
甘肃	14.9	22.3	7.4
安徽	20.2	26.8	6.6
青海	12.8	18.2	5.4
天津	14.8	19.7	4.9
云南	19.6	22.3	2.7
山东	15.9	18.6	2.7
江苏	19.3	21.7	2.4

续表

省份	2017 年	2021 年	两年差值
山西	14. 5	16. 6	2. 1
宁夏	13. 6	14. 9	1. 3
北京	19. 6	20. 4	0. 8
黑龙江	17. 9	18. 3	0. 4
江西	21. 4	21. 7	0. 3
内蒙古	18. 0	17. 6	-0. 4
河南	17. 3	16. 8	-0. 5
辽宁	19. 7	19. 1	-0. 6
湖北	17. 5	16. 9	-0. 6
湖南	18. 9	18. 1	-0. 8
吉林	16. 9	15. 3	-1. 6
广西	17. 6	15. 2	-2. 4
广东	21. 2	18. 5	-2. 7
新疆	14. 5	11. 8	-2. 7
浙江	21. 0	18. 0	-3. 0
福建	18. 5	15. 5	-3. 0
四川	22. 3	18. 8	-3. 5
上海	25. 7	21. 6	-4. 1
河北	16. 6	12. 2	-4. 4
西藏	23. 5	19. 0	-4. 5
海南	25. 4	19. 9	-5. 5
重庆	21. 6	14. 8	-6. 8
贵州	45. 5	17. 2	-28. 3

资料来源：笔者根据样本上市公司数据编制。

附表 5-3　2017~2021 年各省份上市公司的其他资产占比分析

单位:%

省份	2017 年	2021 年	两年差值
贵州	8.4	45.8	37.4
河北	8.5	22.2	13.7
宁夏	6.7	18.8	12.1
黑龙江	23.6	33.8	10.2
上海	15.0	24.2	9.2
江西	11.5	20.5	9.0
四川	14.3	23.3	9.0
山西	7.0	15.5	8.5
内蒙古	17.1	25.2	8.1
新疆	9.3	16.5	7.2
江苏	12.3	19.4	7.1
西藏	6.1	13.1	7.0
湖南	12.4	18.8	6.4
海南	15.5	21.8	6.3
浙江	14.7	21.0	6.3
重庆	13.0	19.0	6.0
福建	12.0	17.8	5.8
甘肃	4.1	9.9	5.8
安徽	8.7	14.4	5.7
云南	5.6	11.0	5.4
广东	15.9	21.2	5.3
山东	12.3	17.3	5.0
河南	8.7	13.1	4.4
吉林	17.7	22.0	4.3
北京	13.8	17.8	4.0
陕西	5.7	9.5	3.8

续表

省份	2017 年	2021 年	两年差值
湖北	9. 3	12. 5	3. 2
辽宁	25. 1	26. 2	1. 1
青海	15. 6	16. 6	1. 0
广西	12. 7	13. 3	0. 6
天津	14. 3	13. 9	-0. 4

资料来源：笔者根据样本上市公司数据编制。